VIE DE SAINT ANTOINE

ATHANASE D'ALEXANDRIE

Traduction par
CHARLES DE RÉMONDANGE

FV ÉDITIONS

Je vous conjure, ne lisons pas seulement ce livre, mais imitons ce qu'il contient et ne prétextons ni le lieu, ni l'éducation, ni la perversité des temps présents.

— SAINT CHRYSOSTÔME, *IN MATH.*
HOMIL. 8, TOME VII, PAGE 150 ;
ÉDITION GAUME.

PRÉFACE.

On a mêlé si souvent la légende à l'histoire dans la vie de saint Antoine le Grand, qu'il ne paraîtra pas hors de propos de relire ce qu'a écrit de cet homme de Dieu le plus illustre de ses contemporains au quatrième siècle, saint Athanase. Le récit du docteur de l'Église ne saurait être, dans sa simplicité, plus instructif à la fois et plus édifiant. Il nous montre comment celui qui était appelé à devenir le patriarche des solitaires, un jour, à vingt ans, riche, honoré, n'aimant que la gloire et les plaisirs, se recueille sous l'impression de quelques paroles de l'Évangile[1], et aussitôt renonce à tout, vend ses terres, distribue sa fortune aux pauvres, puis se retire dans le désert de la Thébaïde, et là s'exerce jusqu'à l'âge le plus avancé à la pratique non-seulement du travail et de la prière, mais de toutes les œuvres de la charité et de l'apostolat, multipliant les monastères à l'orient et à l'occident du Nil, donnant aux cénobites, avec de nobles exemples, des conseils empreints de la bonté la plus tendre et de la sagesse la plus éclairée, attirant les peuples et les empereurs dans la solitude par le renom de sa sainteté, redescendant au besoin lui-même du fond du désert au milieu du monde pour confondre le paganisme et l'hérésie, apaiser les dissensions, guérir les malades, consoler les affligés, et avec cela ne cessant d'opposer au spectacle des joies qui énervent et qui tuent, le spectacle de la pénitence qui retrempe et qui sauve. Tellement, d'après saint Paul, nous pouvons toutes choses en Celui qui nous fortifie[2].

Quant à ces combats extraordinaires, si connus sous le nom de tentations de saint Antoine, l'historien les décrit sans en témoigner la moindre surprise, et tels que les religieux qui étaient là lui en parlaient, tels surtout que le saint anachorète les avait soutenus, c'est-à-dire comme des révoltes de la chair contre la volonté et des tentations du malin esprit, qui fatigue de mille embûches, obsède de mille fantômes une vertu qu'il ne peut vaincre. Luttes terribles, sans doute, mais où l'athlète de la pénitence résistait toujours, parce que dans l'épreuve il redoublait de zèle, de jeûnes, de prières, jusqu'à ce que la voix d'en haut vînt se faire entendre et dire : *Courage, mon fils ! Dieu est avec toi.* Et lui, écoutant ces paroles, chantait en actions de grâces au Christ son Sauveur quelque psaume de bénédiction et de délivrance.

Tel est ce livre où le plus grand des solitaires est célébré par son disciple et son ami, celui-là même qui, au prix de tant de souffrances, fit triompher la vraie foi au concile de Nicée, l'immortel Athanase.

Nous devons savoir gré au pieux et savant M. de Rémondange d'avoir mis à la portée de tous le texte grec du saint docteur en le traduisant dans notre langue, et à Mme de Rémondange de le publier aujourd'hui en hommage à la mémoire de l'homme de bien qu'elle a perdu. Puisse la lecture de cette sainte vie, qui a été si populaire dans la primitive Église, mériter de l'être encore quelque peu de nos jours, et glorifier une fois de plus le Seigneur dans ses Saints ! — *Mirabilis Deus in sanctis suis*[3].

L'abbé ***.

------

1. Si vis perfectus esse, vende quæ habes, da pauperibus et sequere me. (Saint Mathieu, xix, 21.)
2. Aux Philip. iv, 13.
3. Ps. lxvii, 36.

AVANT-PROPOS.

C'est pour vous un combat des plus avantageux
de rivaliser en vertu avec les solitaires de l'Égypte,
et de vous efforcer même de les surpasser par une
généreuse émulation. Il s'est établi parmi vous
plusieurs monastères, et déjà le nom des solitaires
est célèbre ; il n'y aura donc personne qui n'ap-
plaudisse au désir que vous m'avez exprimé, et
Dieu en accordera sans doute à vos prières l'heureux accomplissement. Puisque vous me demandez des renseignements sur le genre de vie du
bienheureux Antoine, et que vous désirez savoir,
pour vous porter à l'imiter, de quelle manière il a
embrassé la vie ascétique, ce qu'il était auparavant, quelle a été la fin de sa vie, et si ce qu'on a
dit de lui est véritable, j'ai accueilli avec le plus
grand plaisir votre demande, car le souvenir seul

d'Antoine est pour moi un grand avantage, et je suis persuadé que l'admiration que vous éprouverez en entendant le récit des actions d'un si grand homme vous donnera le désir de l'imiter. En effet, pour des solitaires, le vrai modèle de la perfection ascétique est la vie d'Antoine. Ne refusez donc pas d'ajouter foi à ceux qui vous en parleront ; croyez plutôt qu'ils en diront trop peu, car certainement ils ne pourront vous raconter qu'une faible partie de tant de vertus. Pour moi, cédant à vos désirs, tout ce que je pourrai vous dire dans ma lettre ne contiendra sur lui que le peu de choses dont je me souviens ; ne cessez donc pas d'interroger les navigateurs qui viennent auprès de vous, et peut-être même, après que chacun aura dit ce qu'il sait, la narration sera-t-elle à peine digne des mérites du saint solitaire. Je voulais donc, lorsque j'ai reçu votre lettre, faire venir quelques-uns des moines qui l'ont fréquenté le plus souvent, afin que, mieux instruit par eux, je pusse vous donner plus de détails ; mais comme le temps de la navigation touchait à sa fin et que le messager était pressé de partir, je me suis hâté de vous écrire, pour votre édification, ce que je savais et ce que j'avais pu apprendre de lui-même, car je l'ai souvent vu, j'ai été longtemps avec lui et lui ai versé de l'eau sur les mains. J'ai eu grand soin de ne dire que la vérité, afin que si l'on en entendait dire davantage, on ne refusât pas d'y ajouter foi, ou que si l'on en apprenait trop peu, on ne méprisât pas un tel homme.

VIE ET ACTIONS DE NOTRE PÈRE SAINT ANTOINE

ÉCRITES ET ADRESSÉES PAR SAINT ATHANASE À DES SOLITAIRES HABITANT UNE TERRE ÉTRANGÈRE.

ENFANCE ET ÉDUCATION DE SAINT ANTOINE.

Antoine était Égyptien de naissance ; ses parents étaient nobles et possédaient une fortune assez considérable ; comme ils étaient chrétiens, ils l'élevèrent chrétiennement. Dès sa plus tendre enfance, il demeura avec ses parents, ne connaissant qu'eux et la maison paternelle ; lorsqu'il fut plus avancé en âge, il ne voulut pas étudier les belles-lettres pour ne pas avoir de communications avec les autres enfants ; tout son désir était, comme il est dit de Jacob, d'habiter en homme simple dans sa maison (*Genèse,* xxv, 27). Il allait cependant avec ses parents dans le temple du Seigneur. On ne voyait point en lui la négligence d'un enfant, et il ne devint pas méprisant et orgueilleux en grandissant, mais il était soumis à ses parents, attentif à la lecture des livres saints, et conservant dans son cœur les utiles leçons qu'il y trouvait. Quoique né dans une assez grande opulence, il n'importunait pas ses parents pour avoir une nourriture variée et somptueuse, il ne recherchait point les plaisirs de la table, mais, content de ce qu'il trouvait, il ne demandait rien de plus.

Après la mort de ses parents, il resta seul avec une sœur en bas-âge ; il avait alors dix-huit à vingt ans et se chargea lui-même du soin de gouverner sa maison et d'élever sa sœur. Six mois ne s'étaient pas encore écoulés après la mort de son père et de sa mère, lorsqu'un jour, se rendant à l'église suivant sa coutume, il méditait le long du chemin et repassait dans son esprit comment les apôtres avaient tout abandonné pour suivre le Sauveur (Math., xix, 27), et comment ceux dont il est parlé dans les *Actes*, vendant ce qu'ils possédaient, le portaient aux pieds des apôtres pour le distribuer aux indigents (*Act. Ap.*, iv, 34-35), et quelle grande espérance leur est réservée dans les cieux. En faisant ces réflexions, il entra dans l'église ; on lisait en ce moment l'Évangile, et il entendit le Seigneur qui disait au riche : « Si tu veux être parfait, va, vends tout ce que tu possèdes et donne-le aux pauvres ; alors viens, suis-moi, et tu auras un trésor dans les cieux. (Math., xix, 20-21.) »

SAINT ANTOINE RENONCE
À SES BIENS.

Alors Antoine, comme si Dieu lui-même eût rappelé à son esprit le souvenir des saints, et comme si la lecture eût été faite pour lui seul, sortit à l'instant de l'église, et toute la fortune que lui avaient laissée ses parents, et qui consistait en trois cents arpents de bonnes terres, il en fit don aux habitants du village, afin que sa sœur et lui fussent débarrassés de toute espèce de soin ; tout le mobilier qui leur appartenait, il le vendit, et après en avoir retiré une somme assez considérable, il la distribua aux pauvres, n'en réservant qu'une faible part pour sa sœur. Mais étant entré de nouveau dans l'église, il entendit le Seigneur qui disait dans l'Évangile : « Ne vous inquiétez pas du lendemain. (Math., vi, 34.) » Il ne put rester plus longtemps ; il sortit et donna ce qui lui restait à des gens peu aisés. Pour lui, après avoir confié sa sœur à des vierges d'une foi et d'une piété reconnues, pour être élevée dans leur chaste demeure, il s'adonna près de sa maison à la vie ascétique, veillant sur lui-même et se traitant avec rigueur. Il n'y avait pas encore à cette époque de véritables monastères en Égypte, mais celui qui voulait travailler à sa perfection s'y exerçait à part en se retirant à quelque distance de son village.

UN SOLITAIRE LUI SERT DE MODÈLE

Il y avait alors dans le village voisin un vieillard qui, dès sa jeunesse, avait embrassé la vie solitaire. Antoine alla le voir et rivalisa de vertu avec lui ; il se fixa d'abord dans un endroit qui était en face de son village, et là, s'il venait à entendre parler de quelque homme vertueux, tel qu'une industrieuse abeille, il se mettait à sa recherche, ne revenait point chez lui sans l'avoir vu et ne le quittait qu'après avoir reçu de lui, pour ainsi dire, un secours de voyage pour marcher dans le chemin de la vertu. Il demeura là dans les commencements, se fortifiant dans la résolution de ne plus retourner dans les possessions de ses pères et d'oublier ses parents. Tout son désir, toute son ardeur, tendaient à la perfection ascétique ; il travaillait de ses mains, se souvenant de cette parole de l'apôtre : « Que celui qui ne travaille pas ne mange pas. (I. *Thess.*, 3-10.) » Ce qu'il gagnait, il l'employait à ses besoins et au soulagement des indigents ; il priait continuellement, car il avait appris qu'on doit prier en particulier sans interruption. (*Thess.*, 5-17.) Il s'appliquait tellement à la lecture des livres saints qu'il n'en laissait rien échapper ; il retenait tout ce qu'il lisait au point que sa mémoire dans la suite lui tenait lieu de livre.

COMMENT ANTOINE PROFITE
DES BONS EXEMPLES.

En se conduisant ainsi, Antoine se faisait aimer de tout le monde ; il se soumettait sans réserve aux hommes vertueux chez lesquels il se rendait ; il observait en lui-même en quoi chacun d'eux excellait par le zèle et la piété. Dans l'un, il remarquait l'affabilité ; dans l'autre, l'assiduité à la prière ; dans celui-ci, la douceur ; dans celui-là, la charité ; dans un autre, les veilles ; dans un autre, l'application à la lecture des saintes lettres ; il admirait celui-ci pour sa patience, celui-là pour ses jeûnes et parce qu'il couchait sur la dure ; l'un le touchait par sa mansuétude, l'autre par sa longanimité ; dans tous il remarquait sans exception leur piété envers le Christ et leur mutuelle charité. Après s'être ainsi rempli de ces bons exemples, il retournait au lieu de ses exercices, rassemblant en lui-même les vertus qu'il avait remarquées dans chacun et s'efforçant de reproduire dans son cœur les perfections des autres. Jamais il n'avait de contestations avec ceux de son âge, excepté pour ne pas leur être inférieur en vertu, et cela même il le faisait de manière à ne mécontenter personne, mais plutôt à s'attirer la bienveillance de chacun ;

aussi toutes les personnes vertueuses de son village avec qui il avait des rapports, le voyant si parfait, l'appelaient l'ami de Dieu, et toutes le chérissaient, les unes comme un fils, les autres comme un frère.

SAINT ANTOINE EST TENTÉ PAR LE DÉMON ET COMMENT IL EN TRIOMPHE.

Le démon, ennemi de tout bien et plein de jalousie, ne pouvant voir sans dépit une telle résolution dans un jeune homme, employa contre lui toutes les ruses qu'il a coutume d'inventer. D'abord il essaya de le détourner des pratiques de la piété en lui rappelant le souvenir de ses richesses, le soin qu'il devait prendre de sa sœur et ses liens de famille ; il lui inspirait l'amour de l'argent et la passion de la gloire ; il lui montrait les plaisirs de la bonne chère et les autres délices de la vie ; il lui exposait les difficultés de la vertu et les rudes travaux qu'elle exige, la faiblesse de sa santé et la longueur du temps qu'il aurait à souffrir ; enfin, il soulevait dans son esprit un tourbillon de pensées ténébreuses pour le détourner de son généreux dessein. L'ennemi voyant sa faiblesse contre la résolution d'Antoine et se voyant même repoussé par sa fermeté, terrassé par la grandeur de sa foi et mis en fuite par ses prières assidues, se confiant alors dans les armes charnelles et s'en glorifiant (car ce sont les premières embûches qu'il dresse à la jeunesse), attaque ce jeune homme la nuit ; il le trouble le jour, il le tourmente avec tant de violence qu'on eût cru voir la lutte de deux adversaires. Le démon cherchait-il à lui inspirer des pensées obscènes, Antoine les chassait par la prière ; voulait-il exciter ses désirs, lui, la rougeur sur le front, fortifiait son corps par la foi, la prière et le jeûne ; l'esprit infernal osa même pendant la nuit prendre la ressemblance d'une femme et imiter toutes ses manières pour le séduire. Mais Antoine, tournant ses pensées vers le Christ et ne considérant que pour lui la noblesse et la spiritualité de l'âme, éteignait les charbons ardents que l'imposture du démon cherchait à allumer dans son cœur. L'ennemi lui offrait-il de nouveau les douceurs de la volupté, Antoine, d'un air irrité et plein d'affliction, pensait aux menaces des flammes éternelles et au supplice des vers ; en opposant ces moyens, il échappait à tous les périls sans être atteint. Tant de victoires couvraient l'ennemi de confusion ; celui qui se croyait semblable à Dieu était le jouet d'un jeune homme ; celui qui se vantait d'avoir tout pouvoir sur la chair et le sang était mis en fuite par un homme revêtu de chair, car le Seigneur qui s'est fait chair à cause de nous venait à son secours et donnait au corps la victoire contre le démon ; c'est pourquoi quiconque combat avec courage doit dire : « Ce n'est pas moi, mais la grâce de Dieu qui est en moi. (I. *Corinth.*, xv. 10.) » Le démon ne pouvant vaincre Antoine de cette manière et voyant qu'il était chassé de son cœur, grinçant des dents et hors de lui-même, lui apparut sous la forme d'un petit nègre tel qu'il est en esprit. Ce n'est pas par des raisonnements qu'il l'attaque, mais, employant la ruse, il se jette à ses pieds, prend une voix humaine et lui adresse ces paroles : « J'ai trompé beaucoup de monde et j'en ai renversé un grand nombre ; de même que j'ai attaqué les autres, de même je t'ai attaqué ainsi que tes travaux, de même je suis vaincu. » Antoine lui ayant demandé : « Qui es-tu ? » « Je suis l'ami de l'incontinence, c'est moi qui dresse les embûches et qui excite les désirs pour y entraîner la jeunesse, et l'on me nomme l'esprit de fornication. Combien n'en ai-je pas trompé qui voulaient être vertueux ; à combien qui vivaient dans la continence n'ai-je pas fait changer de résolution par l'amorce du plaisir. Je suis celui à cause duquel le prophète blâme ceux qui sont tombés lorsqu'il dit : « Vous avez été trompés par l'esprit de fornication (Osée, iv, 12), » et c'est par moi en effet qu'ils ont été renversés. C'est moi qui si souvent t'ai causé de l'ennui et qui ai été tant de fois repoussé par toi. » Alors Antoine, rendant grâces à Dieu et redoublant de courage contre l'ennemi, lui répondit : « Tu es donc bien méprisable, car tu as l'âme noire et tu n'es qu'un faible enfant : désormais tu ne me causeras plus d'inquiétude, Dieu est avec moi et je mépriserai mes ennemis. (*Ps.* cvii., 74.) » Le nègre, effrayé des paroles qu'il venait d'entendre, prit la fuite et n'osa même plus approcher de son adversaire. Tel fut le premier combat d'Antoine contre le démon, ou plutôt tel fut le triomphe que le Seigneur, dans la personne d'Antoine, remporta contre Satan ; triomphe de celui qui a condamné le péché de la chair, afin que la justice de la loi fût accomplie en nous qui marchons non selon la chair, mais selon l'esprit. (*Rom.*, 8, 3, 4.)

AUSTÉRITÉS DE SAINT ANTOINE.

Cependant, après avoir vaincu le démon, Antoine ne se relâcha pas, et le démon, après sa défaite, ne cessa pas de lui dresser des embûches. Il rôdait autour de lui comme un lion cherchant l'occasion de surprendre sa proie ; mais Antoine, qui avait appris de l'Écriture que Satan a plusieurs ruses, s'adonnait avec ferveur à la vie ascétique, persuadé que si le démon n'avait pu le séduire par l'attrait des voluptés charnelles, il chercherait à lui dresser des embûches par d'autres moyens, car il ne se complaît que dans le péché. C'est pourquoi le saint solitaire mortifiait toujours son corps et le réduisait en servitude de peur que, vainqueur d'un côté, il ne succombât de l'autre. Il résolut donc de s'habituer à une vie plus austère ; plusieurs s'en étonnaient, lui au contraire en supportait les peines avec plus de facilité, car le zèle prolongé de son âme lui avait procuré une forte constitution ; aussi, la moindre occasion qu'il rencontrait chez les autres solitaires, il la saisissait pour augmenter l'ardeur de ses austérités. Ainsi il prolongeait souvent ses veilles jusqu'à passer des nuits entières sans dormir ; il ne mangeait qu'une fois le jour après le coucher du soleil, souvent il passait deux jours et même quatre jours sans rien prendre ; du pain et du sel faisaient toute sa nourriture, l'eau seule était sa boisson. Quant à la viande et au vin, il est inutile d'en parler, puisqu'on ne trouve rien de semblable chez les vrais solitaires. Pour dormir, une natte lui suffisait, et la plupart du temps il couchait sur la terre nue. Il ne voulut jamais s'oindre le corps d'huile, parce que, disait-il, les jeunes gens doivent plutôt s'adonner à la mortification que de rechercher ce qui amollit le corps, et s'habituer aux travaux en ayant toujours dans la mémoire cette parole de l'apôtre : « Lorsque je suis faible, c'est alors que je suis fort. (II. *Corinth.*, xii, 10.) » Il disait que la vigueur de l'âme augmentait à mesure que les plaisirs du corps s'affaiblissaient ; il pensait avec raison qu'il ne faut pas mesurer par le temps le chemin de la vertu, ni la retraite par la longueur du chemin, mais par désir et par choix. Jamais il ne rappelait dans son esprit le temps écoulé, mais regardait chaque jour comme le commencement de la vie ascétique ; il s'efforçait par de plus grandes austérités de parvenir à la perfection, et s'appliquait à lui-même ces paroles de saint Paul : « Oubliant ce qui est derrière moi et m'avançant vers ce qui est devant moi. (*Philip.*, iii, 14.) » Il rappelait aussi dans sa mémoire cette parole du prophète Élie : « Vive le Seigneur en la présence duquel je suis aujourd'hui (III *Rois,* xviii, 15), » car il remarquait qu'Élie, en disant aujourd'hui, ne mesurait pas le temps écoulé, mais que, le considérant toujours comme s'il ne faisait que commencer, il s'efforçait chaque jour de se montrer tel qu'il faut être pour paraître devant Dieu, pur de cœur, prêt à obéir à ses ordres et à nul autre qu'à lui seul ; il pensait qu'un solitaire doit apprendre, d'après l'exemple du grand Élie, à régler sa vie comme dans un miroir.

SAINT ANTOINE S'ENFERME DANS UN TOMBEAU.

Après s'être formé à cette vie austère, Antoine s'en alla vers des tombeaux situés à peu de distance de son village, et ayant prié un de ses amis de lui apporter du pain au bout de plusieurs jours, il entra dans un de ces tombeaux, et après que son ami eût fermé la porte sur lui, il demeura seul dans l'intérieur.

LE DÉMON FRAPPE SAINT ANTOINE ET LE LAISSE COMME MORT.

Mais Satan, ne pouvant supporter la détermination d'Antoine et craignant de plus qu'il ne propageât en peu de temps dans le désert la vie monastique, vint une nuit avec une troupe de démons et l'accabla de tant de coups que, succombant aux souffrances, le solitaire resta sans voix, étendu par terre. Il assurait qu'il avait souffert des douleurs telles que les coups donnés par les hommes ne peuvent occasionner de si grands supplices. Mais, par la Providence de Dieu (car Dieu n'abandonne jamais ceux qui espèrent en lui), son ami vint le lendemain lui apporter du pain. Ayant ouvert la porte, il vit Antoine étendu par terre et comme mort ; il le prend sur ses épaules, le porte à l'église du village et le dépose sur le sol. Un grand nombre de ses parents et les gens du village vinrent s'asseoir autour d'Antoine ; mais, vers le milieu de la nuit, il revint à lui et se réveilla ; voyant que tous ceux qui étaient là dormaient et que son ami seul veillait, il lui fit signe d'approcher et le pria de le charger de nouveau sur ses épaules et de le reporter au tombeau. Cet homme donc, sans réveiller personne, l'y reporta, ferma la porte comme à l'ordinaire, et Antoine se trouva seul de nouveau dans le monument ; il n'avait pas la force de se tenir debout à cause des coups qu'il avait reçus, mais, tout en demeurant couché, il priait. Quand sa prière fut achevée, il s'écria : « Voici Antoine en ce lieu, je ne fuis pas vos coups, et lors même que vous m'en donneriez davantage, rien ne me séparera de l'amour du Christ. (*R.*, iii, 35.) » Puis il se mit à chanter ces paroles du psalmiste : « Quand même une armée serait rangée en bataille contre moi, mon cœur ne serait point effrayé. (*Ps.* xxxi, 3.) » Telles étaient les pensées et les paroles de cet athlète courageux ; mais l'ennemi de la vertu, surpris de le voir à sa rencontre après tous les coups dont il l'avait accablé, convoqua les démons et leur dit, plein de rage : « Vous voyez qu'il n'a cédé ni à nos séductions, ni à nos coups, mais qu'il nous défie avec audace ; attaquons-le d'une autre manière. » Il est facile, en effet, aux démons de prendre toutes sortes de formes pour commettre le mal. Ils font donc pendant la nuit un tel vacarme que toute la contrée paraît en être ébranlée. Il semble que ces démons renversent les quatre murs du tombeau, passent au travers sous la figure d'animaux sauvages et d'affreux reptiles. Tout ce lieu paraît rempli de lions, d'ours, de léopards, de taureaux, de serpents, d'aspics, de loups et de scorpions ; chacune de ces bêtes s'agite d'après la forme qu'elle a prise : le lion rugit en voulant s'élancer, le taureau menace de ses cornes, le serpent s'avance en rampant, mais n'arrive pas jusqu'au solitaire ; le loup se précipite, mais est retenu par une force invisible ; tous ces fantômes, en un mot, faisaient un bruit épouvantable et montraient une colère effrayante.

COMMENT SAINT ANTOINE CONVAINQUIT LE DÉMON D'IMPOSTURE.

Antoine, frappé, couvert de piqûres par ces bêtes féroces, éprouvait de cruelles douleurs ; il était étendu par terre, toujours intrépide et veillant de plus en plus ; il laissait échapper des gémissements que lui arrachaient les souffrances de son corps, mais plein de calme en son âme, il leur dit en les raillant : « Si vous aviez quelque pouvoir, un seul d'entre vous suffirait pour m'abattre. Mais comme le Seigneur vous a coupé les nerfs, vous cherchez à m'effrayer par votre multitude ; toutes ces figures d'animaux que vous prenez sont la preuve de votre impuissance. » Puis il ajoutait avec hardiesse : « Si vous avez quelque force, si vous avez reçu contre moi quelque pouvoir, ne différez pas davantage, attaquez-moi ; mais si vous ne pouvez rien, pourquoi vous tourmenter inutilement : la foi en Notre Seigneur est un sceau qui nous garantit, un rempart qui nous met en sûreté. » Les démons, voyant tous leurs efforts inutiles, grinçaient des dents contre cet intrépide adversaire.

LE SEIGNEUR APPARAÎT À SAINT ANTOINE.

Cependant le Seigneur n'oubliait pas la lutte de son serviteur, il vint à son secours. Antoine, levant les yeux au ciel, crut voir le toit s'entr'ouvrir et un rayon de lumière descendre jusqu'à lui ; à l'instant les démons disparurent, les douleurs de son corps se calmèrent et l'habitation parut intacte. Antoine, reconnaissant le secours qui lui était venu, soulagé de ses peines et respirant avec plus de facilité, s'adressa en ces termes à l'apparition : « Où donc étiez-vous, Seigneur, et pourquoi ne vous êtes-vous pas montré dès le commencement ? » Une voix lui répondit : « Antoine, j'étais ici, mais j'attendais pour être témoin de ta lutte ; puisque tu as résisté et que tu n'as pas été vaincu, je serai désormais ton protecteur et je rendrai ton nom célèbre par toute la terre. » Antoine, entendant ces paroles, se leva et se mit en prière ; les forces lui revinrent au point qu'il sentit dans son corps une vigueur plus grande qu'auparavant ; il était alors âgé d'environ trente-cinq ans. Le lendemain il sortit et, animé d'un nouveau courage, il alla trouver le vieillard dont nous avons parlé et lui proposa d'habiter avec lui le désert ; mais le vieillard ayant refusé, soit à cause de son âge, soit parce qu'il n'en avait pas l'habitude, Antoine se retira aussitôt sur le haut d'une montagne.

LE DÉMON LUI PRÉSENTE UN BASSIN D'ARGENT.

Le démon, voyant son ardeur et voulant l'entraver, fit paraître sur son chemin l'image d'un grand bassin d'argent. Antoine, comprenant la ruse de l'ennemi, s'arrêta, et voyant le démon sous la figure de ce bassin, il le confondit en lui disant : « D'où peut venir ce bassin en ce désert ? Il n'y a pas même de sentier en ces lieux, on n'y voit la trace d'aucun voyageur, et d'ailleurs celui qui l'aurait perdu n'aurait qu'à revenir sur ses pas et, en cherchant, il l'eût certainement retrouvé ; puisque ce lieu est désert, c'est là une ruse du démon. Satan, tu n'arrêteras pas mon zèle par un artifice ; que cet argent périsse avec toi. » Continuant toujours de marcher, il vit cette fois non la ressemblance de l'or, mais de l'or véritable jeté sur le chemin. Soit que ce fût le démon qui le lui présenta, soit que ce fût une plus grande puissance pour éprouver le généreux athlète, et pour montrer qu'il ne faisait aucun cas de l'or, il ne l'a pas dit lui-même et nous n'en savons rien, excepté que ce qu'il vit était de l'or. Antoine fut étonné de la grande quantité ; mais passant par-dessus comme si c'était du feu, il s'en éloigna sans même retourner la tête et se hâta de fuir jusqu'à ce qu'il fût hors de la vue de ce lieu.

SAINT ANTOINE SE RETIRE DANS UN FORT ABANDONNÉ.

Antoine, se fortifiant donc de plus en plus dans sa résolution, se dirigea vers la montagne ; il rencontra au delà du Nil un fort abandonné et que le temps avait rempli de serpents ; il y fixa sa demeure, et les reptiles disparurent aussitôt comme si on les eût chassés. Antoine en ferma la porte par une solide clôture ; il avait apporté avec lui des pains pour six mois, car les habitants de la Thébaïde savent en faire qui peuvent se conserver une année entière ; il trouva de l'eau dans l'intérieur du fort et s'y retira comme au fond d'un sanctuaire ; il y demeura seul, n'en sortant jamais et n'admettant personne de ceux qui venaient pour le voir ; seulement, il recevait deux fois par an les pains qu'on lui jetait par-dessus la muraille.

IL EST ASSAILLI PAR LES DÉMONS.

Comme ses amis qui venaient le voir ne pouvaient entrer, ils passaient dehors souvent plusieurs jours et plusieurs nuits ; ils entendaient à l'intérieur du château le bruit d'une foule qui s'agitait, des voix qui poussaient des gémissements lamentables et qui criaient : « Sors de chez nous ; que viens-tu faire dans ce désert ? Tu ne supporteras pas nos attaques. » Les gens qui étaient dehors s'imaginèrent d'abord que c'étaient des hommes qui luttaient contre lui et qu'ils avaient pénétré dans la forteresse au moyen d'échelles. À la fin, ayant mis l'œil à une petite fente, comme ils ne virent personne, ils comprirent que c'étaient des démons qui faisaient ce tumulte, et, tout effrayés, ils appelèrent Antoine. Celui-ci, qui ne faisait aucune attention aux démons, écouta les hommes qui lui parlaient. Il s'approcha de la porte et les engagea à s'en aller sans rien craindre, ajoutant que les démons emploient ces épouvantails contre les gens qui ont peur. « Pour vous, dit-il, faites le signe de la croix, » et lui-même resta dans le château sans éprouver aucun mal de la part des démons et sans être fatigué de ses luttes, car le secours des visions célestes et la faiblesse de ses ennemis apportaient à ses douleurs un grand soulagement et augmentaient son courage. Ses amis, en effet, qui approchaient souvent de sa demeure, le croyant mort, l'entendaient psalmodier ces paroles : « Que Dieu se lève et que ses ennemis soient dispersés ; que ceux qui le haïssent fuient devant sa face ; comme la fumée se dissipe, qu'ils se dissipent eux-mêmes ; comme la cire fond à l'approche du feu, qu'ainsi les méchants périssent devant l'Éternel. (*Ps.* lxvii, 12.) » Et encore : « Toutes les nations m'enveloppaient ; au nom du Seigneur, je les ai exterminées ; elles m'entouraient, elles me serraient de près ; au nom du Seigneur, je les ai anéanties. (*Ps.* cxvii, 12-13.) »

IL SORT DE SA RETRAITE.

Il demeura dans ce château environ vingt ans, s'y livrant seul aux exercices de la piété ; enfin, ce temps étant passé, comme beaucoup de personnes souhaitaient de le voir et désiraient imiter son genre de vie, plusieurs de ses amis se réunirent et enfoncèrent la porte de vive force. Antoine sortit du château comme d'un sanctuaire où Dieu l'avait initié à ses mystères et rempli de sa présence. C'est ainsi qu'il parut pour la première fois hors du château devant ceux qui étaient venus le visiter. Ceux-ci en le revoyant furent étonnés de le trouver dans le même état qu'autrefois. Le défaut d'exercice n'avait point fait contracter d'embonpoint à son corps, les jeûnes et les combats avec les démons ne l'avaient pas non plus amaigri : il était tel qu'on l'avait connu avant sa retraite ; c'était la même sérénité de caractère, ni assombrie par le chagrin, ni épanouie par la joie, ni portée à rire ou à s'attrister ; il ne paraissait point être importuné, ni se réjouir de la multitude de ceux qui venaient le visiter, mais il conservait en tout la même égalité de caractère, parce qu'il était gouverné par la raison et qu'il savait se tenir dans les justes bornes de la nature.

IL GUÉRIT LES MALADES ET FONDE DES MONASTÈRES.

Le Seigneur guérit, par son entremise, plusieurs malades qui se trouvaient parmi ceux qui se présentaient à lui, et il en délivra d'autres qui étaient tourmentés par les démons. Dieu accorda aussi aux paroles d'Antoine la grâce de consoler un grand nombre de personnes qui étaient dans l'affliction, d'en réconcilier d'autres qui se faisaient la guerre, disant à tous qu'il ne fallait pas mettre les choses du monde au-dessus de l'amour du Christ. Dans ses entretiens avec ceux qui venaient le trouver, il les exhortait à se souvenir des biens futurs et à ne pas oublier la charité que Dieu nous a montrée en n'épargnant pas son propre fils, mais en le livrant pour nous. Tous ces discours en déterminèrent plusieurs à se retirer dans la solitude. Alors des monastères commencèrent à s'élever sur les montagnes, et le désert fut peuplé de solitaires qui sortaient de leur pays pour devenir citoyens du ciel.

Comme Antoine était obligé de traverser le

canal d'Arsinoë pour visiter ses frères, le canal se trouva rempli de crocodiles ; mais, adressant seulement une prière à Dieu, il s'embarqua avec ceux qui étaient avec lui et ils traversèrent le canal sans éprouver le moindre accident. De retour à son monastère, il reprit avec une courageuse persévérance ses austères travaux. Dans ses fréquents entretiens, il augmentait l'ardeur de ceux qui avaient déjà embrassé la vie ascétique et excitait les autres à l'amour de la mortification, de sorte qu'à sa persuasion, on vit s'élever bientôt plusieurs monastères qu'il gouvernait tous comme un père.

CONSEILS DE SAINT ANTOINE À SES DISCIPLES.

Un jour, tous les moines s'étant rassemblés autour de lui pour le prier de leur adresser quelques paroles d'édification, il leur dit en langue égyptienne que les saintes Écritures suffisaient pour notre enseignement, mais qu'il était cependant utile de nous exhorter les uns les autres dans la foi, et de nous encourager par de bons discours. — Ainsi donc, mes enfants, dites à votre père ce que vous savez, et moi, comme votre ancien, je vous ferai part de ce que j'ai appris de l'expérience. Et d'abord ayons tous pour premier souci de ne pas abandonner notre œuvre, de ne pas

céder à la peine, de ne jamais dire : « Il y a longtemps que nous portons le poids de la vie ascétique ; » mais plutôt de croître en ardeur, comme
si chaque jour était notre premier jour. La vie de
l'homme est très-courte comparée aux siècles à venir ; la plus longue n'est rien devant l'éternité ;
dans le monde, toute chose se vend à juste prix et
les échanges se font entre valeurs égales ; mais la
vie éternelle s'achète à vil prix. L'Écriture dit en
effet : « Les jours de la vie de l'homme sont de
soixante et dix ans ; dans les plus forts, de quatre-
vingts ans, et au delà peine et douleurs. (*Ps.*
lxxxix, 10.) » Si donc nous persévérons pendant
quatre-vingts ans ou cent ans au plus dans la vie
ascétique, pour ces cent ans nous n'aurons pas
seulement cent ans de béatitude, mais l'éternité, et
lorsque nous aurons travaillé sur la terre, notre
héritage ne sera pas sur la terre, mais dans le ciel,
et après avoir laissé ce corps corruptible, nous en
recevrons un incorruptible. Ainsi donc, mes enfants, ne nous lassons pas et ne nous plaignons
pas de trop attendre ou de trop faire, car les souffrances du temps présent n'ont aucune proportion
avec la gloire qui sera un jour révélée en nous.
(*Rom.*, viii. 18.) En regardant le monde, ne croyons
pas que nous avons renoncé à quelque chose de
grand, car le monde entier n'est rien à côté du ciel.
Quand même nous serions les maîtres de toute la
terre et que nous renoncerions à toute la terre, rien

ne serait comparable au royaume des cieux ; c'est comme si l'on donnait une drachme de cuivre pour cent drachmes d'or. De même celui qui, maître de toute la terre, y renoncerait, ne perdrait pas grand'chose, mais recevrait le centuple. Si donc toute la terre est loin de valoir le royaume des cieux, celui qui abandonne quelques arpents de terre ne perd presque rien ; abandonnerait-il même sa maison et tout son or, il ne doit pas s'en glorifier ou s'en affliger. Songeons d'ailleurs que si nous n'y renonçons pas par vertu, il faudra les perdre par la mort et souvent même au profit de ceux qui nous plaisent le moins, comme dit l'Ec-clésiaste (iv, 8.) Pourquoi donc ne les abandonne-rions-nous pas par vertu pour hériter du royaume des cieux. C'est pourquoi, que personne ne se laisse envahir par la cupidité. À quoi bon acquérir ce que nous ne pourrons emporter avec nous ? Pourquoi ne pas nous donner plutôt ce qui nous suivrait toujours : la prudence, la justice, la tempé-rance, la force, la charité, l'amour des pauvres, la foi dans le Christ, la douceur d'âme, la bonté hos-pitalière. Si nous acquérons ces vertus, nous les retrouverons ailleurs pour nous recevoir et nous introduire dans la patrie de ceux qui ont été doux sur la terre. D'après cela, que chacun soit per-suadé qu'il ne faut pas perdre courage, surtout si l'on considère qu'on est le serviteur de Dieu ; car, de même qu'un serviteur n'oserait dire : « Puisque

j'ai travaillé hier, je ne travaillerai pas aujourd'-
hui, » il ne mesurera pas le temps écoulé pour se
reposer les jours suivants, mais il montrera
chaque jour la même ardeur pour plaire à son
maître, comme il est dit dans l'Évangile, et pour
ne pas encourir de reproches. Nous aussi, persévérons dans la vie ascétique, sachant que si nous
passons un seul jour avec négligence, Dieu ne
nous fera pas grâce à cause du temps écoulé, mais
il s'irritera contre nous à cause de notre négligence ; c'est ce que nous apprenons dans Ézéchiel
(xviii). Ainsi Judas a perdu dans une seule nuit la
peine du temps passé ; attachons-nous donc, mes
enfants, à la vie ascétique et n'agissons pas avec
négligence ; nous avons pour cela l'assistance de
Dieu, comme il est dit dans l'Écriture : « Dieu
vient en aide pour le bien à quiconque a choisi le
bien. (*Rom.*, viii, 28.) » Or, pour que nous n'agis-
sions pas avec négligence, nous devons méditer
cette parole de l'apôtre : « Je meurs tous les jours.
(I *Corinth.*, xv, 31.) » En effet, si nous vivons
comme devant mourir chaque jour, nous ne com-
mettrons pas de péchés ; or, voici le sens de cette
parole : quand nous nous éveillons le matin, pensons que nous ne vivrons pas jusqu'au soir, et
quand nous allons dormir, croyons que nous ne
nous éveillerons pas le matin, car le terme de
notre vie est inconnu et nos instants sont mesurés
par la Providence. Si telle est notre disposition, si

nous vivons chaque jour dans ces sentiments, nous ne pécherons pas, nous ne désirerons rien, nous ne nous irriterons contre personne et nous n'amasserons point de trésors sur la terre. Nous attendant chaque jour à mourir, nous ne posséderons rien et nous pardonnerons à tous les hommes. Quant aux voluptés immondes, non seulement nous ne les rechercherons pas, mais nous les fuirons comme un plaisir passager, nous croyant toujours au moment suprême et ayant continuellement les regards fixés sur le jour du jugement ; toujours, en effet, la frayeur des supplices éternels dissipe l'attrait des voluptés, et relève le courage de l'âme qui faiblit. Après avoir commencé, après avoir mis le pied dans le sentier de la vertu, efforçons-nous d'aller en avant et tâchons d'arriver au but qui nous est proposé. Que personne ne regarde en arrière, comme la femme de Loth, car le Seigneur a dit : « Celui qui met la main à la charrue et qui regarde en arrière n'est pas propre au royaume des cieux. (Luc, ix, 62.) » Or, regarder en arrière n'est pas autre chose que se repentir et penser de nouveau aux choses de ce monde. Quand on vous parle de la vertu, ne vous laissez point effrayer ; que ce mot ne vous étonne pas, la vertu n'est pas loin de nous ; c'est une entreprise qui dépend de nous, une chose facile, car il s'agit seulement de vouloir. Les Grecs font de longs voyages, ils passent les mers pour apprendre les belles-lettres ; pour nous, il n'est pas nécessaire que nous quittions notre pays afin d'obtenir le royaume des cieux ; nous n'avons pas besoin de traverser la mer pour acquérir la vertu, car le Seigneur a dit : « Le royaume des cieux est dans vous (Luc, 17-21.) » Ainsi la vertu n'exige que la bonne volonté ; puisqu'elle est en nous, elle ne dépend que de nous, car si notre âme par sa nature est douée de l'intelligence, la vertu en dépend ; l'âme est suivant sa nature lorsqu'elle reste telle qu'elle a été créée ; or, elle a été créée bonne et droite par excellence. Voilà pourquoi le fils de Nun dit au peuple : « Inclinez vos cœurs devant le Seigneur, le Dieu d'Israël (Josué, xxiv, 28), » et Jean : « Rendez droits vos sentiers. (Math., iii. 3.) » La droiture de l'âme, en effet, ne consiste que dans l'intelligence qu'elle a reçue lorsqu'elle a été créée ; mais si elle incline et se détourne de la nature, on la nomme alors vice de l'âme. La chose n'est donc pas difficile, car si nous restons tels que nous avons été créés, nous restons dans la vertu ; mais si nous appliquons notre esprit aux mauvaises actions, nous serons jugés comme mauvais. S'il fallait chercher la vertu hors de nous, elle deviendrait sans doute difficile, mais puisqu'elle est en nous, gardons-nous de toutes pensées déshonnêtes et conservons notre âme au Seigneur comme un dépôt qui nous a été confié, afin qu'il reconnaisse son œuvre telle qu'il l'a créée. Combattons pour que nous ne soyons pas maîtrisés par la colère ni dominés par l'ambition, car il est écrit : « La colère de l'homme n'accomplit pas la justice de Dieu et la concupiscence qui s'empare de nous enfante le péché ; le péché consommé enfante la mort. » Veillons donc continuellement sur nous-mêmes après avoir embrassé notre genre de vie, et, comme il est dit dans l'Écriture, gardons notre cœur avec toute la vigilance possible, car nous avons des ennemis terribles et pleins d'astuce, de méchants démons contre qui nous avons à combattre. L'apôtre a dit : « Nous avons à combattre non contre des hommes de chair et de sang, mais contre les principautés, contre les puissances, contre les princes du monde, c'est-à-dire de ce siècle ténébreux, contre les esprits de malice répandus dans les airs. (*Éph.*, vi-ix.) » Il y a dans l'air un grand nombre de ces démons qui nous font la guerre, ils ne sont pas loin de nous, mais ils diffèrent beaucoup les uns des autres. Ce qu'on pourrait dire sur leur nature et leur différence nous conduirait trop loin, et nous laissons à d'autres plus habiles que nous le soin d'en parler ; ce qui est urgent et nécessaire pour nous est de connaître les ruses qu'ils emploient contre nous. Sachons d'abord que les démons sont appelés démons, non parce qu'ils ont été créés ainsi, car Dieu n'a rien créé de mauvais, eux aussi ont été créés bons, mais ils sont devenus mauvais. Déchus qu'ils étaient de la sagesse céleste, se roulant alors autour de la terre, ils ont trompé les païens par des apparences, et, pleins de haine contre nous autres chrétiens, ils mettent tout en œuvre pour nous fermer le chemin du ciel d'où ils sont exclus et où ils voudraient nous empêcher d'arriver. C'est pourquoi nous devons beaucoup prier et beaucoup nous mortifier, afin que chacun, ayant reçu de l'Esprit saint le don de discerner les esprits infernaux, puisse connaître ce qui leur est propre, ceux qui parmi eux sont moins pervers d'avec ceux qui le sont davantage, quel est le but particulier où se porte leur empressement, par quel moyen chacun d'eux peut être repoussé et mis en fuite, car leurs ruses sont nombreuses et leurs efforts multipliés pour nous dresser des embûches. C'est ce que savaient le bienheureux Apôtre et ses disciples lorsqu'ils disaient : « Nous n'ignorons pas ses pensées. (*Corinth.*, ii, 11.) » Ainsi donc, à cause des épreuves que nous avons subies de la part des démons, nous devons nous corriger les uns par les autres ; pour moi, qui en ai acquis quelque expérience, je vous en parle comme à mes enfants. Lors donc qu'ils voient les chrétiens, mais surtout les moines, aimer les mortifications et faire des progrès dans la vertu, ils tâchent d'abord de les éprouver en dressant des embûches sur leur chemin ; or, leurs embûches sont les mauvaises pensées, mais il ne faut pas nous effrayer de leurs suggestions, car ils sont aussitôt terrassés par la prière, le jeûne et la foi en Notre-Seigneur ; cependant, quoique terrassés, ils ne restent pas en repos pour cela, mais, employant la ruse et la fourberie, ils reviennent de nouveau à la charge ; lorsqu'ils ne peuvent pas, par d'obscènes voluptés, tromper un cœur, ils ont recours à d'autres stratagèmes ; ils essayent d'effrayer par de vains fantômes en prenant la ressemblance et les manières de femmes, de bêtes féroces, de reptiles, de personnages d'une grandeur extraordinaire et d'une troupe de soldats. Malgré cela, il ne faut pas s'effrayer de ces fantômes, car ils ne sont rien et disparaissent bien vite, surtout si l'on se fortifie de la foi et du signe de la croix, mais ils sont audacieux et très-imprudents : vaincus d'un côté, ils attaquent de l'autre. Ils feignent de prophétiser et de prédire l'avenir, de paraître atteindre jusqu'au toit par la grandeur de leur stature, afin de tromper par de semblables apparitions ceux qu'ils n'ont pu séduire par d'obscènes pensées ; mais s'ils trouvent une âme affermie par la foi et l'espérance, ils amènent alors leur chef avec eux. Antoine disait qu'il lui était apparu souvent semblable au démon que le Seigneur découvrit à Job, lorsqu'il dit : « Ses yeux ont l'éclat de l'aurore ; le feu qui sort de sa bouche produit des étincelles ; de ses narines sort une fumée comme d'une fournaise allumée ; son souffle allume les charbons ; sa poitrine vomit la flamme. (Job., xli, 9, 11.) » C'est ainsi qu'apparaît le chef des démons pour effrayer, fourbe et plein de jactance, comme je l'ai dit, et comme le Seigneur le dévoile de nouveau à Job. Pour lui, le fer est comme de la paille, l'airain comme du bois vermoulu ; il fait bouillonner l'abîme comme une chaudière, la mer comme un vase d'huile ; il regarde la profondeur de l'enfer comme sa conquête, l'abîme comme un lieu de promenade (Job, xl, 18, 21), et d'après le prophète : « Je le saisirai et le poursuivrai (*Exod.*, xx, 9), » et encore d'après Isaïe : « Je prendrai toute la terre dans ma main comme un nid d'oiseaux, et je l'emporterai comme des œufs abandonnés. (Isaïe, x, 12.) » Voilà ce dont les démons osent se vanter, et ce qu'ils annoncent avec emphase pour induire en erreur les âmes pieuses. Mais nous, qui mettons toute notre confiance en Dieu, nous ne pouvons ni redouter les apparitions de Satan, ni faire attention à ses paroles, car il ment et ne dit absolument rien de vrai. Bien qu'il parle avec tant de hardiesse, il est attiré à l'hameçon comme un dragon par le Seigneur, comme une bête de somme qui a reçu le frein autour des naseaux, comme un fugitif dont les narines sont enchaînées par une boucle, et les lèvres percées par un anneau. Le Seigneur l'a lié comme un passereau pour nous servir de risée. Lui et les démons qui l'entourent ont été placés comme des scorpions et des serpents pour être foulés aux pieds par nous autres chrétiens, et la preuve en est dans le genre de vie que nous avons embrassé pour les combattre, car celui qui se vantait de dessécher la mer et de s'emparer de toute la terre ne peut plus maintenant mettre obstacle à vos mortifications, ni même m'empêcher de parler contre lui. Ne faisons donc pas attention à ses paroles, car il ment, et ne nous effrayons pas de ses vaines apparitions ; ce n'est pas la vraie lumière qui apparaît en elles, ce sont plutôt les préludes et l'image du feu préparé aux démons, et de ces flammes où ils doivent brûler, ils s'efforcent d'en effrayer les hommes ; ils apparaissent réellement et disparaissent aussitôt sans faire, il est vrai, aucun mal aux vrais fidèles, mais portant avec eux l'image du feu qui doit les atteindre. Nous ne devons donc pas les craindre, car leurs efforts sont impuissants par la grâce du Christ ; toutefois, ils sont rusés et prêts à prendre toutes sortes de formes et de figures. Souvent, sans se montrer, ils font semblant de chanter des cantiques, citant de mémoire les paroles des Écritures. Quelquefois, lorsque nous lisons, ils répètent de suite comme un écho ce que nous venons de lire ; lorsque nous sommes couchés, ils nous réveillent pour la prière, ce qu'ils font souvent pour nous empêcher de dormir ; d'autres fois, prenant la ressemblance de moines, ils feignent le langage d'hommes pieux,

afin que, sous cette apparence, ils induisent en erreur et attirent ensuite où ils veulent ceux qu'ils
ont trompés. Mais il ne faut pas faire attention à
eux, soit qu'ils nous réveillent pour la prière ou
qu'ils nous exhortent à ne rien manger, soit qu'ils
feignent de s'accuser et de se repentir des choses
dont ils se sentent coupables envers nous ; ils
n'agissent pas ainsi par scrupule et par amour de
la vérité, mais pour jeter les simples dans le désespoir, les amener à dire que les mortifications sont
inutiles, et pour dégoûter les hommes de la vie
monastique comme trop pénible et trop lourde, et
être un obstacle à ceux qui l'ont embrassée. Le
prophète envoyé par le Seigneur plaignait ceux
qui agissent ainsi, lorsqu'il disait : « Malheur à
celui qui présente à son voisin un breuvage funeste. (Habac, ii, 15.) » De telles dispositions et de
telles pensées détruisent la voie qui conduit à la
vertu. Mais malgré que les démons aient dit la vérité en disant : « Tu es le fils de Dieu, » le Seigneur
cependant les musela et les empêcha de parler,
afin qu'ils ne mêlassent pas leur propre malice
avec la vérité (Marc, iii, 12), et pour nous habituer
à ne jamais leur prêter attention, malgré qu'ils paraissent dire la vérité, car il serait inconvenant
que, lorsque nous possédons les saintes Écritures
et avons reçu du Sauveur la liberté, nous nous
laissions endoctriner par le démon qui, n'ayant
pas conservé le rang qui lui était propre, a passé à

des sentiments opposés. Voilà pourquoi le Seigneur l'empêcha de parler, d'après les paroles des Écritures, lorsqu'il dit : « Dieu a dit au pécheur : Pourquoi publies-tu mes décrets ? pourquoi ta bouche annonce-t-elle mon alliance ? (*Ps.* xlix, 16.) » Les démons, en effet, emploient tous ces moyens, parlent de tout, jettent le trouble partout, jouent toutes sortes de rôles, effrayent pour tromper les simples ; ils font du bruit, rient comme des insensés, sifflent ; mais si l'on ne fait pas attention à eux, ils se lamentent et pleurent d'être vaincus. Le Seigneur donc, comme Dieu, les a muselés ; pour nous qui avons été instruits par les saints, nous devons agir d'après eux, imiter leur courage, car lorsqu'ils voyaient de telles choses, ils disaient : « Quand l'impie s'élevait contre moi, j'étais muet, je me suis humilié et j'ai gardé le silence, le bien. (*Ps.* xxxviii, 2.) » Et ailleurs : « Je suis comme un sourd qui n'entend pas, comme un muet qui n'ouvre pas la bouche ; je suis comme un homme dont les oreilles sont fermées et dont la langue est enchaînée. (*Ps.* xxxvii, 13, 14.) » Ne les écoutons donc pas puisqu'ils nous sont étrangers, et ne leur obéissons pas, bien qu'ils nous réveilleraient pour la prière ou qu'ils nous parleraient de jeûnes, mais appliquons-nous plutôt avec ardeur au genre de vie que nous avons embrassé, afin que nous ne soyons pas trompés par toutes les ruses qu'ils emploient contre nous.

Il ne faut pas les redouter, soit qu'ils semblent nous attaquer, soit qu'ils nous menacent de la mort, car ils sont pleins de faiblesse et ne peuvent que menacer.

Jusqu'à présent je n'ai fait, en parlant ainsi, que parcourir ce sujet, mais je ne dois pas craindre d'entrer dans de plus grands détails sur ce qui regarde les démons, parce que le récit sera utile pour vous. À l'avénement du Seigneur, l'ennemi du genre humain tomba et sa force a été brisée ; c'est pourquoi ne pouvant rien comme tyran, quoique tombé, il ne se tient jamais en repos, mais ne menace qu'en paroles. Que chacun de vous réfléchisse à cela et il pourra mépriser les démons. S'ils étaient revêtus d'un corps comme nous, ils pourraient dire : « Nous ne trouvons pas les hommes qui se cachent ; si nous les trouvions, nous leur ferions du mal. » Nous pourrions, nous aussi, nous cacher et nous dérober à leurs regards en fermant sur eux nos portes ; mais puisqu'ils n'ont pas de corps, ils peuvent entrer les portes même fermées et se répandre eux et leur chef dans tout l'espace de l'air ; ils sont malveillants et disposés à faire le mal. Le Sauveur a dit : « Le démon, père du mal, a été homicide dès le commencement (Saint Jean, viii, 44). » Pour nous, tandis que nous vivons, nous dirigeons tous nos efforts contre lui ; mais la faiblesse des démons est évidente, car aucun lieu ne les empêche de dresser leurs embûches ; ils savent que nous ne sommes pas assez leurs amis pour nous épargner, ils n'aiment pas assez le bien pour se corriger, leur perversité au contraire n'en est que plus grande, et ils n'ont rien tant à cœur que de nuire à ceux qui sont amis de la vertu et de la piété ; parce qu'ils ne peuvent rien, ils ne font que des menaces ; s'ils avaient quelque pouvoir, ils ne tarderaient pas à commettre le mal où tend tout leur désir, mais surtout contre nous. Maintenant que, réunis, nous parlons contre eux, ils voient qu'ils s'affaiblissent à mesure que nous faisons des progrès dans la vertu ; s'ils en avaient le pouvoir, ils ne laisseraient la vie à aucun des chrétiens, car la piété est pour le pécheur un objet d'exécration. (*Eccles.*, i, 32.) Comme ils ne peuvent rien, ils se blessent d'autant plus les uns les autres qu'ils sont dans l'impuissance d'exécuter leurs menaces. Il faut réfléchir à cela pour ne pas les craindre ; s'ils avaient quelque pouvoir, ils ne viendraient pas en si grand nombre ni sous la forme de fantômes, ni en se déguisant pour dresser leurs embûches ; un seul suffirait pour faire ce qu'il pourrait et voudrait, surtout celui qui aurait ce pouvoir n'emprunterait pas une vaine apparence pour ôter la vie, ni n'effrayerait pas en faisant du bruit, mais userait à son gré du pouvoir qu'il aurait. Or, les démons, ne pouvant rien, jouent la comédie comme sur un théâtre, changent de figures et font peur aux enfants par le

bruit de leurs apparitions et avec leurs déguise-
ments ; voilà ce qui rend leur faiblesse encore plus
digne de mépris ! L'ange véritable envoyé par le
Seigneur contre les Assyriens n'eut pas besoin de
réunir une grande multitude, ni de prendre une
forme étrangère, de faire du bruit, de battre des
mains ; il usa avec calme de son pouvoir et tua de
suite quatre-vingt-cinq mille hommes. Les démons, ne pouvant rien, tâchent d'effrayer par des
apparitions.

Si quelqu'un, réfléchissant à ce qui est arrivé à
Job, disait : Pourquoi le démon l'ayant attaqué
eut-il tout pouvoir contre lui, lui enleva-t-il toutes
ses possessions, tua-t-il ses enfants et le frappa-t-il
d'un ulcère ? Qu'il sache que ce n'était pas la puissance du démon, mais celle de Dieu qui lui livra
Job pour le tenter. Comme il ne pouvait rien, il ob-
tint de Dieu le pouvoir qu'il avait demandé pour
agir. D'après cela, l'ennemi du genre humain est
d'autant plus méprisable que, malgré sa volonté,
il n'eut aucun pouvoir même contre un seul
homme juste, car s'il eût eu ce pouvoir, il ne l'aurait pas demandé. Or, comme il l'a demandé non-
seulement une fois, mais deux fois, c'est une
preuve évidente de sa faiblesse et qu'il ne peut
rien. Il ne faut donc pas s'étonner s'il n'eut aucune
puissance contre Job, puisqu'il n'aurait pu faire
même aucun mal à ses bêtes de somme sans le
consentement de Dieu ; il n'eut même aucun pou-

voir contre les pourceaux, puisqu'il est dit dans l'Évangile : « Les démons invoquèrent le Seigneur en disant : Permets-nous d'entrer dans des pourceaux. (Math. viii, 31). » Si donc ils n'ont aucun pouvoir contre des pourceaux, ils en ont beaucoup moins contre des hommes créés à l'image de Dieu ; il faut donc craindre Dieu seul, mépriser les démons et nullement les redouter ; mais plus ils font d'efforts, plus nous devons redoubler de zèle pour les combattre ; une conduite droite et la foi en Dieu sont contre eux une arme puissante : voilà pourquoi ils craignent les jeûnes des ascètes, leurs veilles, leurs prières, la douceur du caractère, la tranquillité de l'âme, le désintéressement des richesses, le mépris de la vaine gloire, l'humilité, la charité, la longanimité, mais surtout la piété envers le Christ. Aussi font-ils tous leurs efforts pour que personne ne les foule aux pieds ; ils savent qu'il a été donné contre eux une grâce aux fidèles par la miséricorde du Sauveur qui a dit : « Je vous donne le pouvoir de fouler aux pieds les serpents et les scorpions et toute la puissance de l'ennemi. (Luc, x, 19.) » S'ils feignent de prédire l'avenir, que personne n'y fasse attention. Souvent, en effet, ils annoncent d'avance que des frères arriveront dans quelques jours, et ils arrivent effectivement. Or, ils en agissent ainsi, non pour l'intérêt de ceux qui les écoutent, mais afin de captiver leur confiance et de les perdre une fois qu'ils auront été en leur pouvoir ; il ne faut donc pas faire attention à eux, mais nous devons au contraire les chasser lorsqu'ils parlent, parce que nous n'avons nullement besoin d'eux. Qu'y a-t-il d'étonnant, en effet, si ayant des corps plus légers que ceux des hommes et les voyant entreprendre un voyage, ils les préviennent en vitesse et en apportent la nouvelle ? Un homme à cheval annonce cela d'avance en prenant les devants sur celui qui est à pied ; il ne faut donc pas les admirer pour cela, car ils ne connaissent pas d'avance ce qui n'existe pas ; il n'y a que Dieu qui connaisse toutes choses avant qu'elles soient ; pour eux, ils annoncent ce qu'ils voient en prenant les devants comme des voleurs. À combien de personnes n'annoncent-ils pas maintenant ce que nous faisons, que nous sommes rassemblés et ce que nous disons contre eux, avant même qu'aucun de nous n'en fasse le rapport en sortant. Un enfant en marchant vite peut en faire autant s'il prend de l'avance sur celui qui marche lentement. Supposons, par exemple, que quelqu'un entreprenne un voyage hors de la Thébaïde ou de quelque autre pays, les démons ne savent pas s'il se mettra en route avant qu'il n'ait commencé son voyage, mais le voyant marcher, ils courent en avant et en annoncent la nouvelle avant son arrivée, qui a lieu en effet quelques jours après ; souvent aussi ils se trompent lorsque les voyageurs reviennent sur leurs pas. Ils disent quelquefois de semblables balivernes sur les eaux du Nil, lorsqu'ils voient qu'il a beaucoup plu en Éthiopie, et prévoyant qu'il y aura une inondation du fleuve, ils courent l'annoncer avant que les eaux n'arrivent en Égypte. Tout homme pourrait dire cela s'il pouvait marcher aussi vite qu'eux ; de même que la sentinelle de David, placée sur une hauteur, vit plus facilement un homme qui arrivait que celle qui était au bas, et celui qui prit les devants annonça avant les autres, non pas ce qui était arrivé, mais ce qui allait arriver ; de même les démons ne prennent tant de peine pour annoncer aux hommes les événements que dans le but de les tromper ; mais si, dans l'intervalle, la Providence en dispose autrement au sujet des voyageurs et des eaux du fleuve (et elle en a le pouvoir), alors ils se trompent et trompent en même temps ceux qui ont confiance en eux. C'est ainsi que se sont établis les oracles des païens et qu'ils ont été trompés par les démons. Mais cette imposture a enfin cessé ; le Seigneur est venu et a aboli les démons avec leur fourberie, car ils ne connaissent rien par eux-mêmes, mais, semblables à des voleurs, ils disent ce qu'ils voient chez les autres, et plutôt par conjecture que par prévision de l'avenir ; c'est pourquoi, bien qu'ils disent quelquefois la vérité, il ne faut pas s'étonner. Les médecins, qui ont l'expérience des maladies, conjecturent souvent d'après l'habitude celle qui doit arriver ; il en est de même des pilotes, des agriculteurs qui, d'après l'habitude qu'ils ont d'observer le ciel, prévoient d'avance si le temps sera beau ou mauvais, et personne ne dira qu'ils annoncent cela par une inspiration divine, mais par expérience et par habitude. Que personne ne s'étonne donc si parfois les démons parlent par conjecture, et n'y fasse attention. Quel avantage y a-t-il pour les auditeurs d'apprendre d'eux ce qui doit arriver quelques jours d'avance, et quel besoin a-t-on de connaître de telles choses, quand même elles seraient reconnues vraies ? Elles n'ajoutent rien à la vertu, et cette recherche n'est nullement le fait d'un cœur pur. Aucun de nous n'est jugé sur ce qu'il ne sait pas, et personne n'est regardé comme heureux à cause de ce qu'il a appris et parce qu'il sait quelque chose ; mais chacun est jugé selon qu'il a gardé la foi et qu'il a observé fidèlement les préceptes. Nous ne devons pas mettre beaucoup d'importance à ces connaissances, ni embrasser la vie ascétique et ses labeurs pour connaître l'avenir, mais pour plaire à Dieu par notre bonne conduite ; il faut prier, non pour connaître l'avenir, ni pour demander à la vie ascétique une telle récompense, mais afin que le Seigneur nous vienne en aide pour remporter la victoire sur les démons. Si cependant nous avons le désir de connaître l'avenir, purifions notre cœur, car je suis persuadé qu'une âme entièrement pure et gardant sa nature peut, devenue clairvoyante, apercevoir mieux que les démons beaucoup de choses et beaucoup plus éloignées, ayant le Seigneur pour les découvrir. Telle était l'âme d'Élisée lorsqu'il vit ce qu'avait fait Giezi (*Rois*, v, 26), et une armée rangée devant lui en bataille. (*Rois*, iv, 17.) Lors donc que les démons viennent chez vous la nuit et qu'ils veulent prédire l'avenir ou qu'ils disent : Nous sommes des anges, ne les croyez pas, car ils mentent ; si même ils louent votre vie ascétique et vous estiment heureux, ne les écoutez pas et ne faites pas même attention à eux, mais faites plutôt le signe de la croix sur vous et sur la maison, priez, et vous les verrez bientôt disparaître, car ils sont craintifs et ne redoutent rien tant que le signe de la croix, puisque c'est par lui que le Seigneur les a dépouillés de leur puissance pour les livrer en spectacle au monde. S'ils se présentent avec plus d'impudence, en dansant et en variant leurs apparitions, ne craignez pas, ne soyez pas frappés d'épouvante et ne faites pas attention à eux comme si c'était de bons esprits, car, si Dieu le permet, il est facile de reconnaître la présence des bons et des mauvais ; l'apparition des saints n'apporte aucun trouble, elle ne dispute pas, ne crie pas ; sa voix ne se fait pas entendre (Isaïe, xi, 11, 12), mais elle arrive d'une manière si tranquille et si douce qu'aussitôt l'allégresse, la joie et la confiance se répandent dans l'âme, car le

Seigneur qui est notre joie est en elle ; les pensées restent calmes et paisibles, de sorte que l'âme éclairée par elle-même contemple leurs apparitions ; le désir des biens célestes et futurs s'empare d'elle et elle voudrait leur être réunie tout entière pour s'en aller avec eux. Mais si, comme hommes, quelques personnes s'effrayent de l'apparition des bons esprits, ceux-ci aussitôt dissipent leur crainte par l'affection qu'ils leur portent. C'est ainsi qu'agit Gabriel envers Zacharie (Luc, i, 13), et qu'apparut aux femmes l'ange dans le saint sépulcre (Math., 28, 5), et aux bergers lorsqu'il dit dans l'Évangile : Ne craignez pas. (Luc, 11, 10.) Leur frayeur ne venait pas d'une crainte de l'âme, mais de la connaissance qu'ils avaient de l'accomplissement des plus grands prodiges. Telle est la vision des saints, mais l'agression et l'apparition des mauvais esprits sont remplies de trouble, de bruit, de retentissement et de vociférations semblables à l'agitation d'enfants mal élevés et de brigands. De là naissent aussitôt la frayeur de l'âme, le trouble, la confusion des pensées, la tristesse, la haine de la vie ascétique, le découragement, le souvenir de la famille, la crainte de la mort et enfin le désir du mal, le mépris de la vertu et le désordre des mœurs. Lorsque vous vous effrayez en voyant quelque apparition, si la crainte disparaît aussitôt pour faire place à une joie ineffable, à l'allégresse, à la confiance, au délassement de l'esprit, au calme et à tous les effets dont j'ai déjà parlé, au courage et à l'amour de Dieu, rassurez-vous et priez, car la joie et le calme de l'âme sont la marque de la sainteté de celui qui s'offre à nos regards. C'est ainsi qu'Abraham fut rempli de joie à la vue du Seigneur, et que Jean tressaillit d'allégresse en entendant la voix de Marie, mère de Dieu. (Luc, i, 41.) Mais si quelque apparition se fait avec tumulte, bruit du dehors, avec un appareil mondain, en menaçant de la mort et avec tout ce que j'ai dit, soyez persuadés que c'est l'arrivée des esprits infernaux. Si l'âme reste craintive, c'est l'indice de la présence de l'ennemi, car les démons ne dissipent pas la frayeur de ceux qui en sont atteints, comme fit le grand archange Gabriel à Marie et à Zacharie, ou encore celui qui apparut aux femmes dans le sépulcre. (Luc, i, 19, 30.) Bien au contraire, lorsqu'ils voient quelques personnes effrayées, ils multiplient leurs apparitions pour les frapper de terreur, et pour ensuite, après les avoir attaquées, se moquer d'elles en leur disant : « Maintenant que vous êtes tombés, adorez-nous. » Voilà comme ils les trompent, c'est ainsi qu'ils ont été regardés faussement par elles comme des dieux ; mais le Seigneur n'a pas permis que nous soyons trompés par le démon, lorsque, lui reprochant de faire de semblables apparitions, il lui dit : « Retire-toi, Satan, car il est écrit : Tu adoreras le Seigneur et tu le serviras lui

seul. (Math., 4, 10.) » Nous devons donc à cause
de cela mépriser de plus en plus ses fourberies,
car c'est pour nous que le Seigneur parle ainsi,
afin que nous mettions en fuite les démons en leur
adressant les mêmes reproches que le Seigneur ;
mais il ne faut pas se glorifier d'avoir chassé les
démons, ni s'enorgueillir d'avoir opéré des guéri-
sons, ni admirer celui qui met en fuite les démons,
ni mépriser celui qui ne les chasse pas. Que
chacun apprenne de chacun la mortification, qu'il
l'imite et devienne son émule ou se corrige ; ce
n'est pas à nous de faire des miracles, c'est
l'œuvre du Sauveur. Voilà pourquoi il dit à ses
disciples : « Ne vous réjouissez pas de ce que les
esprits vous sont soumis, mais réjouissez-vous
plutôt de ce que vos noms sont écrits dans les
cieux. (Luc, x, 20.) » Si nos noms sont écrits dans
le ciel, c'est une preuve de notre vertu et de notre
vie ; mais le pouvoir de chasser les démons est
une grâce que le Seigneur nous accorde. C'est
pourquoi à ceux qui se glorifiaient, non dans la
vertu, mais dans les prodiges, en disant : Seigneur,
n'avons-nous pas chassé les démons en votre nom
et fait beaucoup de miracles en votre nom, il répondit : « Je vous le dis en vérité, je ne vous
connais pas. (Math., vii, 22, 23.) » Le Seigneur, en
effet, ne connaît pas la voie des impies ; en un
mot, il faut prier comme je l'ai dit, afin de recevoir
la grâce de discerner les esprits et pour que nous

n'ajoutions pas foi à tout esprit, comme il est dit dans l'Écriture.

Je devrais me taire ici et, sans parler de moi-même, me contenter de ce que je viens de dire ; mais pour que vous ne pensiez pas que je ne vous ai parlé de ces choses qu'à l'aventure, et que vous soyez persuadés au contraire que je ne vous parle que d'après l'expérience et avec vérité, je vous raconterai de nouveau ce que je sais des efforts des démons, dussé-je passer pour insensé ; mais le Seigneur qui m'entend connaît la pureté de mon cœur et sait que ce n'est pas pour moi que je parle, mais par charité pour vous et pour vous encourager.

Toutes les fois qu'ils me donnaient des louanges, je les maudissais au nom du Seigneur ; toutes les fois qu'ils faisaient des prédictions sur les eaux du Nil, je leur disais : Que vous importe cela ? Ils vinrent un jour en me menaçant et m'entourèrent comme une troupe de soldats bien armés ; une autre fois, ils remplirent la maison de chevaux, de bêtes sauvages et de reptiles, et je me mis à chanter : « Ils sont venus, les uns sur des chars, les autres sur des chevaux, mais nous nous sommes relevés au nom du Seigneur notre Dieu (*Ps.* xix, 8), » et par mes prières le Seigneur les mit en fuite. Une fois ils vinrent pendant la nuit portant avec eux l'apparence d'un flambeau, et me dirent : Antoine, nous venons pour t'éclairer. Je

fermai les yeux et me mis à prier, et aussitôt la lumière des impies s'éteignit. Quelques mois après,
ils vinrent en chantant et en citant les paroles des
Écritures ; mais moi, comme un sourd, je ne les
écoutai pas. Ils ébranlèrent un jour le monastère,
je restai calme et me mis à prier ; après cela, reve-
nant de nouveau, ils frappaient des mains, sif-
flaient, dansaient ; mais comme je priais et que,
couché, je chantais en moi-même des psaumes, ils
commencèrent aussitôt à se lamenter et à pleurer,
voyant qu'ils avaient perdu leur temps, et je ren-
dais gloire à Dieu qui avait réprimé et mis au
grand jour leur audace et leur fureur. Une autre
fois, le démon, se montrant à moi sous une forme
très-élevée, osa me dire : Je suis la puissance de
Dieu, je suis la Providence ; que désires-tu ? je te le
donnerai. Je soufflai sur lui en invoquant le nom
du Christ et m'efforçai de le frapper ; je crus
même l'avoir frappé, et aussitôt ce terrible ennemi
disparut avec tous ses démons, au nom du Christ.
Il vint un jour que je jeûnais, et le fourbe, sous la
figure d'un moine m'apportant la ressemblance
d'un pain, m'exhortait en me disant : Mange et
cesse tes longs travaux, car tu es homme, toi aussi,
et tu risques de tomber malade. Comme je
connaissais ses ruses, je me levai pour prier, mais
le démon ne put supporter cela, car il disparut et
sembla s'en aller par la porte comme une fumée.
Que de fois dans le désert ne m'a-t-il pas présenté

l'image de l'or pour seulement le toucher ou y jeter les yeux ; alors je chantais des psaumes en maudissant cet or, et le démon se consumait de rage. Plusieurs fois ils m'ont accablé de coups, mais je disais : Rien ne me séparera de l'amour du Christ. Eux, en entendant ces paroles, redoublaient leurs coups les uns contre les autres ; ce n'était pas moi qui pouvais arrêter ni apaiser leur fureur, mais le Seigneur lorsqu'il dit : « Je voyais Satan tomber du ciel comme l'éclair. (Luc, x, 18.) » Pour moi, mes enfants, me rappelant les paroles de l'apôtre, j'ai personnifié ces choses en moi (I *Corinth.*, iv, 6), afin que vous appreniez à ne pas perdre courage dans la vie ascétique, et à ne pas craindre les apparitions de Satan et de ses démons, et puisque j'ai été insensé en vous parlant ainsi, recevez encore ceci pour que vous viviez en sûreté et sans crainte ; croyez-moi, car ce que je dis est la vérité. Un jour quelqu'un vint frapper à ma porte dans le monastère ; je sortis et je vis apparaître un fantôme d'une grandeur extraordinaire ; je lui demandai qui il était. Je suis Satan, me répondit-il. Pourquoi donc, lui dis-je, es-tu ici ? Il me dit : Pourquoi les moines et les autres chrétiens m'accusent-ils sans raison ? Pourquoi à toute heure me maudissent-ils ? Pourquoi, lui dis-je, est-ce que tu les importunes ? Ce n'est pas moi qui les importune, me répondit-il, ce sont eux qui se tourmentent, car j'ai perdu toute ma force ; n'ont-ils pas lu que le glaive de l'ennemi est tombé pour toujours, que ses villes ont été anéanties ? (*Ps.* ix, 7.) Je n'ai plus de traits partout où il y a des chrétiens, le désert même est peuplé de moines ; qu'ils s'observent donc eux-mêmes et qu'ils ne me maudissent pas sans raison. Admirant la grâce de Dieu, je lui dis : Bien que tu mentes toujours et que tu ne dises jamais la vérité, cette fois-ci, malgré toi, tu as dit vrai, car le Christ à son avénement t'a rendu faible et, en te renversant, t'a dépouillé de ta puissance. En entendant prononcer le nom du Seigneur, et ne pouvant supporter la brûlure qu'il en ressentait, il disparut aussitôt. Puisque le diable avoue lui-même qu'il ne peut rien, nous devons de toutes manières le mépriser ainsi que les démons. Voilà les ruses qu'emploie l'ennemi avec les esprits infernaux ; mais nous qui les connaissons, nous pouvons les mépriser ; c'est pourquoi ne nous décourageons pas, n'ouvrons pas notre cœur à la crainte, ne nous forgeons pas de vaines terreurs en disant : Pourvu que le démon ne vienne pas pour me renverser, pourvu qu'il ne me jette pas à bas après m'avoir enlevé, ou que, se présentant tout à coup, il ne me frappe d'épouvante. Ne pensons nullement à cela et ne nous affligeons pas comme si nous étions perdus, prenons confiance ou plutôt réjouissons-nous toujours comme sauvés, réfléchissons en notre âme que le Seigneur, qui a mis en fuite et comprimé le démon, est avec nous, pensons et mettons-nous toujours dans l'esprit que, tant que le Seigneur sera avec nous, les démons ne pourront rien contre nous, car tels ils nous trouvent lorsqu'ils arrivent, tels ils sont envers nous ; ils disposent leurs apparitions d'après les pensées qu'ils découvrent en nous. S'ils nous trouvent craintifs et troublés, eux aussitôt, comme des voleurs, voyant la place sans défense, s'en emparent et profitent, pour agir, des dispositions où nous sommes ; s'ils nous voient remplis d'épouvante, ils augmentent encore leurs apparitions et leurs menaces, et la pauvre âme est opprimée par eux ; mais s'ils nous trouvent nous réjouissant dans le Seigneur, méditant sur les biens futurs, appliquant notre esprit aux choses de Dieu et réfléchissant que tout est dans sa main, que le démon ne peut rien contre le chrétien et n'a de pouvoir en un mot sur personne, voyant alors l'âme affermie par de telles pensées, ils prennent la fuite pleins de confusion. C'est ainsi que Satan, lorsqu'il vit Job fortifié, se retira de lui, et que, trouvant Judas privé de ces sentiments, il en fit son captif. Si donc nous voulons mépriser l'ennemi, pensons toujours aux choses du Seigneur, que notre âme se réjouisse toujours dans l'espérance, alors nous regarderons comme de la fumée les enfantillages des démons et nous les verrons plutôt nous fuir que nous poursuivre, car, comme je l'ai dit, ils sont extrêmement craintifs et s'attendent toujours au feu qui leur est préparé. Pour dissiper votre crainte, que ceci vous serve d'indice. Lorsqu'une apparition vous arrive, ne soyez pas aussitôt saisis de frayeur, mais quelle que soit cette apparition, demandez avec hardiesse : Qui es-tu et d'où viens-tu ? Si c'est une vision des saints, ceux-ci vous en convaincront en changeant en joie votre frayeur ; si c'est une apparition diabolique, elle perd aussitôt toute sa force en voyant l'esprit fortifié ; en effet, la marque d'une âme exempte de trouble est de demander : Qui es-tu ? d'où viens-tu ? C'est ainsi que le fils de Nun interrogea les habitants de Gabaon (Jos., 9, 8), et le démon n'était pas inconnu à Daniel, lorsque celui-ci interrogea la vision qui était devant lui. (Daniel, x, 11, 18, 19.)

Pendant qu'Antoine parlait ainsi, tous ses disciples étaient remplis de joie. Dans les uns, l'amour de la vertu augmentait ; dans les autres, la négligence disparaissait ; en d'autres, la présomption cessait ; tous avaient pris la résolution de mépriser les démons, admirant la grâce que le Seigneur avait accordée à Antoine pour désarmer les esprits.

BEAU SPECTACLE DE LA VIE MONASTIQUE.

Les monastères qui s'élevaient sur les montagnes ressemblaient à des tabernacles remplis de chœurs divins qui chantaient, étudiaient, jeûnaient, priaient, tressaillaient d'allégresse dans l'espérance des biens futurs. Ils s'aimaient les uns les autres et vivaient dans une parfaite concorde ; on voyait dans ce coin du monde la vraie patrie de la justice et de la piété ; là il n'y avait personne qui commît ou qui reçût une injustice, personne qui subit les vexations de l'exacteur, mais on y voyait une multitude d'hommes qui travaillaient à se rendre parfaits et dont toutes les pensées avaient pour objet la vertu, en sorte que tous ceux qui contemplaient ces monastères et l'ordre qui y régnait s'écriaient, en disant : « Que tes maisons sont belles, ô Jacob ; que tes tentes sont magnifiques, ô Israël ; tes pavillons ressemblent à des vallées ombragées ; ils sont comme un jardin sur le bord d'un fleuve, comme les tentes que le Seigneur a dressées, comme les cèdres qui croissent sur le bord des eaux. (*Nomb.*, xxiv, 5.) »

Antoine, suivant son habitude, s'étant retiré dans son monastère, s'adonna avec une plus grande ardeur à la vie ascétique ; chaque jour il soupirait en pensant aux demeures du Ciel, n'ayant de désirs que pour elles et songeant à la vie éphémère de l'homme ; ne regardant que les qualités intellectuelles de l'âme, il rougissait lorsqu'il devait prendre sa nourriture, se coucher et être assujéti aux autres nécessités du corps.

Souvent, en songeant à la nourriture spirituelle, il refusait de manger avec les autres moines et s'éloignait d'eux. Il pensait que ce serait une honte pour lui si on le voyait manger, et cependant, par nécessité du corps, il prenait à l'écart de la nourriture. Souvent aussi avec ses frères, soit par respect pour eux, soit pour leur adresser en toute liberté d'utiles paroles, il leur disait qu'il fallait donner tous ses soins à l'âme plutôt qu'au corps, qu'il était nécessaire cependant de lui accorder un peu de temps à cause de la nécessité, mais qu'il fallait employer tout le reste au bien de l'âme, afin qu'elle ne soit pas entraînée par les voluptés du corps, afin qu'elle ne soit pas réduite en servitude. Ce sont même, ajoutait-il, les paroles du Sauveur, lorsqu'il dit : « Ne vous inquiétez pas pour votre vie de ce que vous mangerez ni pour votre corps où vous trouverez des vêtements ; ne demandez donc pas ce que vous mangerez et ce que vous boirez, et ne tâchez point de vous élever, car les gens du monde recherchent toutes ces choses ; mais votre père sait ce dont vous avez besoin ; cherchez plutôt le royaume de Dieu et sa justice, et tout le reste vous sera donné. (Luc., xii, 29, 30, 31.) »

SAINT ANTOINE SE REND À ALEXANDRIE PENDANT LA PERSÉCUTION.

Après ce que nous venons de raconter, survint la persécution de Maximin. Comme on conduisait à Alexandrie les saints confesseurs, Antoine quitta son monastère pour les accompagner. Allons combattre aussi, dit-il, si l'on nous appelle, ou du moins allons contempler ceux qui combattent. Il désirait le martyre, mais ne voulant pas se livrer lui-même, il servait les saints et dans les mines et dans les prisons ; il mettait un grand zèle à les encourager dans leurs combats lorsqu'ils étaient cités devant les tribunaux et lorsqu'ils avaient confessé la foi ; à les recevoir et à les accompagner jusqu'à ce qu'ils eussent consommé leur sacrifice. Le juge, voyant l'intrépidité d'Antoine et de ceux qui étaient avec lui, fit défense qu'aucun moine parût au tribunal, ni même restât dans la ville. Tous les autres pensèrent qu'ils devaient se tenir cachés pendant ce jour-là, mais Antoine fit si peu de cas de cette défense qu'il lava son manteau et vint le lendemain dans son plus beau costume se placer sur un lieu élevé pour se montrer au gouverneur. Pendant que tout le monde s'étonnait de son audace et que le gouverneur, les yeux fixés sur lui, passait avec sa cohorte, lui se tenait debout sans trembler et montrait quel est le courage de nous autres chrétiens, car, comme je l'ai dit, lui aussi désirait le martyre. On voyait qu'il était fâché de ne pas avoir eu l'occasion de confesser la foi, mais le Seigneur le conservait pour notre avantage et celui des autres, afin qu'il enseignât à une multitude de chrétiens cette vie spirituelle dont il avait lui-même appris les secrets dans les saintes Écritures. En effet, la seule vue de sa conduite déterminait un grand nombre de personnes à imiter son genre de vie. Quand la persécution eut enfin cessé, et lorsque le bienheureux évêque Pierre eut quitté la terre, Antoine sortit de la ville et retourna dans son monastère où il continua ses exercices avec la plus grande ferveur. Il jeûnait continuellement ; son vêtement était de poil en dedans, de peau en dehors, et il le garda jusqu'à sa mort. Jamais il ne prenait de bains pour cause de malpropreté ni ne se lavait les pieds ou ne les mettait dans l'eau que par nécessité ; jamais on ne le vit se déshabiller et personne ne vit son corps nu, excepté après sa mort quand on l'ensevelit.

SAINT ANTOINE GUÉRIT UNE JEUNE FILLE POSSÉDÉE DU DÉMON.

Pendant qu'il était retiré dans la solitude où il avait résolu de passer quelque temps sans sortir et sans recevoir personne, un capitaine nommé Martinien vint au monastère importuner Antoine, car il avait une fille tourmentée par le démon. Martinien demeura longtemps frappant à là porte, le suppliant de venir et de prier le Seigneur pour sa fille. Antoine ne voulut pas lui ouvrir, mais regardant par la fenêtre de sa cellule, il lui dit : Ô homme, pourquoi m'importunez-vous par vos cris ? Je suis moi-même un homme comme vous ; si vous croyez au Christ que je sers, allez-vous-en, priez Dieu selon votre foi, et vous serez exaucé. Martinien crut, invoqua le Christ et s'en alla, ramenant sa fille délivrée du démon. Le Seigneur, qui a dit : Demandez et vous recevrez, a opéré beaucoup d'autres miracles par l'entremise d'Antoine, car, sans qu'il ouvrît sa porte, un grand nombre de malades se couchaient et dormaient en dehors du monastère, croyaient au Christ, l'invoquaient et obtenaient une complète guérison. Se voyant importuné par un grand nombre de personnes qui ne lui permettaient pas de vivre dans la retraite selon son dessein, craignant d'ailleurs que les merveilles que Dieu opérait par son ministère ne lui inspirassent des sentiments d'orgueil ou ne fissent concevoir aux autres des idées exagérées de son mérite, après y avoir bien réfléchi, il résolut de se rendre dans la haute Thébaïde, pays où il n'était pas connu. Ayant donc pris des pains que ses frères lui donnèrent, il alla s'asseoir sur le bord du Nil, et là il examinait s'il ne verrait point venir un navire où il put prendre place, afin de remonter le fleuve avec les autres passagers.

IL ENTEND UNE VOIX CÉLESTE.

Pendant qu'il regardait ainsi, une voix céleste se fit entendre à ses oreilles : Antoine, où vas-tu, et quel est ton dessein ? Antoine, qui avait coutume de s'entendre ainsi appeler souvent, répondit : Puisque ces peuples ne me laissent point en repos, j'ai résolu d'aller dans la haute Thébaïde pour éviter les importunités qu'on me fait subir en ce lieu, et surtout parce qu'on me demande des choses qui sont au-dessus de mon pouvoir. La voix lui dit alors : Si tu veux trouver une paix véritable, va-t'en au fond du désert. Antoine répondit : Qui me montrera le chemin ? car je ne le connais pas. Aussitôt la voix lui indiqua des Sarrazins qui devaient suivre cette route. Antoine s'avança donc, et, les ayant abordés, il les pria de lui permettre de les accompagner dans le désert. Ceux-ci, comme si la Providence leur en eût donné l'ordre, l'accueillirent avec empressement. Après avoir marché avec eux trois jours et trois nuits, il arriva au pied d'une montagne très-élevée ; il y avait au bas de cette montagne une source d'eau parfaitement claire, douce et fraîche ; au delà s'étendait une plaine où croissaient quelques palmiers sauvages. Antoine, se croyant dirigé par le Seigneur, adopta cette montagne pour son asile, car c'était bien le lieu que la voix du ciel lui avait indiqué sur les bords du Nil. Ayant reçu des pains que lui donnèrent ses compagnons de voyage, il resta sur la montagne seul et sans aucune société, et il considéra ce lieu comme devant être sa demeure. Les Sarrazins eux-mêmes, admirant la ferveur d'Antoine, repassaient à dessein par cette route et se faisaient un plaisir de lui apporter des pains ; il trouvait encore quelque secours dans les fruits des palmiers. Plus tard, ses frères ayant découvert le lieu de sa retraite, ils eurent soin de lui envoyer ce dont il avait besoin, et ils se montrèrent à son égard comme des fils pleins de reconnaissance pour leur père.

IL SÈME DU BLÉ ET CULTIVE DES LÉGUMES.

Antoine, s'apercevant que plusieurs se gênaient et se fatiguaient pour lui apporter du pain, voulut leur épargner cette peine. Ainsi donc, après y avoir réfléchi, il pria quelques-uns de ceux qui venaient le visiter de lui apporter un hoyau, une hache et un peu de blé. Quand on lui eut procuré ces choses, il parcourut le voisinage de la montagne ; ayant découvert un petit espace de terre propre à son dessein, il le cultiva, et comme la source lui fournissait de l'eau en abondance pour l'arroser, il l'ensemença et chaque année, renouvelant son travail, il en retirait son pain, se réjouissait de ne plus importuner personne et de ne plus leur être à charge ; mais dans la suite, voyant que plusieurs venaient de nouveau le visiter, il cultiva aussi quelques légumes, afin de procurer à ses visiteurs un léger soulagement dans leur pénible voyage.

IL COMMANDE AUX BÊTES SAUVAGES ET ELLES LUI OBÉISSENT.

Dans le commencement, les bêtes sauvages du désert, attirées par la fontaine, causaient souvent du dégât dans ses semailles et dans sa culture. Antoine prit un jour un de ces animaux et s'adressant en son nom à tous les autres, il leur dit agréablement : Pourquoi me faites-vous du mal quand je ne vous en fais pas ? Allez-vous-en et, au nom du Seigneur, n'approchez plus d'ici. Depuis ce moment, les animaux du désert, comme effrayés par cette défense, n'approchèrent plus de ce lieu. Il vivait seul sur cette montagne, consacrant son temps à la prière et aux exercices de piété. Les frères qui prenaient soin de lui le prièrent de souffrir qu'ils vinssent de mois en mois lui apporter des olives, des légumes et de l'huile, car il était vieux. Tout le temps qu'il demeura là, combien de combats, d'après ce que nous savons de ceux qui l'ont visité, n'eut-il pas à soutenir, comme il est dit dans l'Écriture : « Nous avons à combattre non contre des hommes de chair et de sang, mais contre les démons nos ennemis. » On entendait du bruit, des voix et comme le retentissement d'armes ; pendant la nuit, on apercevait la montagne remplie d'animaux sauvages et on le voyait combattre comme s'il avait affaire à des êtres visibles, et prier contre eux le Seigneur. C'est vraiment une chose étonnante qu'un homme seul dans un tel désert ne redouta ni l'approche des démons, ni ne fut effrayé de la férocité de ces animaux à quatre pieds, ni de ces reptiles qui habitent ces lieux. Il est dit dans l'Écriture : « Celui qui se confie dans le Seigneur sera comme la montagne de Sion, il ne sera point ébranlé et subsistera à jamais. (*Ps.* cxxiv, 1.) » Voilà pourquoi les démons et les bêtes farouches prenaient aussitôt la fuite, comme il est écrit : « Les animaux sauvages s'adouciront en sa présence. (Job, v, 23.) »

Le démon mettait donc tous ses soins à observer Antoine et grinçait des dents, comme dit le Psalmiste (34, 16) ; mais Antoine était consolé par le Seigneur et demeura sans atteinte de ses fourberies et de ses ruses variées. Tandis qu'il veillait pendant la nuit, le démon envoya contre lui des bêtes sauvages, et presque toutes les hyènes qui habitaient ce désert sortirent de leurs tanières et

l'entourèrent, chacune la gueule béante, le menaçant de le mordre ; mais Antoine, au milieu
d'elles, reconnaissant la ruse du démon, leur dit à
toutes : Si vous avez reçu quelque puissance sur
moi, me voilà prêt, dévorez-moi ; mais si vous êtes
soumises aux démons, retirez-vous sans différer,
car je suis le serviteur du Christ. À ces paroles, les
hyènes s'enfuirent comme chassées par le fouet de
cette parole. Quelques jours après, comme il travaillait (car il ne restait jamais sans rien faire),
quelqu'un se présenta à la porte traînant une
corde de jonc pour son travail. Antoine tressait
alors des corbeilles qu'il donnait en échange de ce
qu'on lui apportait ; il se leva et vit une bête res-
semblant à un homme jusqu'aux cuisses, mais
dont les jambes et les pieds étaient semblables à
ceux d'un âne. Antoine fit seulement le signe de la
croix et lui dit : Je suis le serviteur du Christ ; si tu
as été envoyé contre moi, me voilà. L'animal prit
aussitôt la fuite avec tant de vitesse, ainsi que les
démons qui l'accompagnaient, qu'il tomba et
mourut comme subitement.

LES DISCIPLES DE SAINT ANTOINE SONT SUR LE POINT DE MOURIR DE SOIF.

Les moines l'ayant un jour prié de descendre
de sa montagne et de venir visiter leur monastère
qu'il n'avait pas vu depuis des années, il se mit en

marche avec ceux qui étaient venus le trouver. Un chameau portait des pains et de l'eau pour le voyage, car tout ce désert est aride et nulle part on ne trouve de l'eau potable, si ce n'est dans la montagne où était la cellule d'Antoine, et c'était à cette source qu'ils avaient fait leur provision. L'eau vint à manquer dans la route, et comme la chaleur était excessive, ils se voyaient tous exposés à périr ; ils parcoururent tous les environs sans trouver d'eau ; ils ne pouvaient plus marcher. Désespérant de leur salut, ils se couchèrent par terre et laissèrent leur chameau aller où il voudrait.

SAINT ANTOINE FAIT JAILLIR UNE SOURCE D'EAU.

Mais le vieillard, voyant tous ses compagnons dans un tel péril, en fut profondément affligé. Il s'éloigna d'eux à quelque distance en gémissant, se mit à genoux, leva ses mains au ciel et pria ; à l'instant le Seigneur fit sortir une source d'eau à l'endroit même où il était en prière. Tous ses compagnons burent et se ranimèrent ; après avoir rempli leurs outres, ils se mirent à la recherche de leur chameau et ils le trouvèrent ; son licou s'étant enroulé par hasard autour d'une pierre l'avait arrêté. Ils le ramenèrent donc, le firent boire, chargèrent leurs outres sur son dos et continuèrent leur voyage sans autre accident. Lorsqu'il fut arrivé aux monastères qui sont situés en deçà du désert, tous les moines l'embrassèrent, le regardant comme leur père ; lui-même leur apportait de sa montagne, comme provisions de voyage et présents d'hospitalité, des paroles utiles et pleines de sagesse. Ce fut une grande allégresse sur les montagnes ; on y voyait briller d'une nouvelle ardeur le zèle pour avancer dans la vertu, on s'encourageait et on s'animait dans la foi commune. Antoine était heureux de contempler cette ferveur des moines et de voir sa sœur, qui avait vieilli dans la virginité, gouverner aussi d'autres vierges. Après avoir passé quelques jours dans ces monastères, il retourna de nouveau à sa montagne. Depuis cette époque, un grand nombre de personnes allèrent l'y visiter ; beaucoup de malades même osèrent entreprendre ce voyage. Il répétait le même conseil à tous les moines qui venaient le trouver, d'avoir foi dans le Seigneur, de l'aimer, de se garder des pensées déshonnêtes, de fuir les plaisirs de la chair, d'éviter la vaine gloire et de prier continuellement. Tels étaient les conseils qu'il donnait à ceux qui venaient le voir ; il avait une grande compassion de ceux qui souffraient et priait avec eux ; souvent le Seigneur l'exauçait en faveur d'un grand nombre de personnes, mais il ne s'enorgueillissait pas lorsqu'il était exaucé ni ne murmurait lorsqu'il ne l'était pas ; toujours il rendait grâces à Dieu et exhortait les malades à la patience et à être persuadés que ce n'est ni lui ni aucun homme qui puisse guérir les maladies, qu'il n'y a que Dieu qui accorde cette grâce quand il le veut et à ceux qu'il veut. Les malades recevaient les paroles du vieillard comme une guérison, sachant qu'il ne faut pas se décourager, mais plutôt prendre patience, et ceux qui étaient guéris avaient appris que ce n'était pas à Antoine qu'il fallait rendre grâces, mais à Dieu.

Un nommé Fronton, officier du palais, avait une maladie cruelle, car il mangeait sa langue avec les dents et était sur le point de perdre la vue. Il vint sur la montagne et supplia Antoine de prier le Seigneur pour lui ; le vieillard, après avoir prié, lui dit : Allez-vous-en et vous serez guéri. Comme Fronton insistait et demeurait plusieurs jours, Antoine ne cessait de lui dire : Tant que vous resterez ici, vous ne pourrez pas être guéri, allez-vous-en, et à votre arrivée en Égypte vous verrez le prodige qui sera opéré en vous. Celui-ci, plein de confiance, s'en alla, et à peine vit-il l'Égypte que sa maladie cessa : il fut guéri comme l'avait dit Antoine, d'après la révélation que lui avait faite le Seigneur dans sa prière.

Une jeune fille de Busiris de Tripoli avait une maladie cruelle et affreuse à voir, car les larmes de ses yeux, les mucosités de ses narines et l'humeur de ses oreilles tombaient jusqu'à terre et engendraient aussitôt des vers ; elle était de plus paralytique et avait les yeux difformes. Ses parents, ayant appris que des moines allaient trouver Antoine, et pleins de foi dans le Seigneur qui avait guéri la femme affligée d'un flux de sang (Math., 9, 10), les prièrent de leur permettre de les accompagner avec leur fille. Les moines ayant acquiescé à leur demande, les parents restèrent avec leur fille au dehors de la montagne chez Paphnutius, moine et confesseur. Les religieux vinrent auprès d'Antoine, mais dès qu'ils voulurent parler de la jeune fille, il les prévint, leur expliqua sa maladie et comment elle était venue avec eux ; ceux-ci l'ayant prié ensuite de permettre aux parents et à la jeune fille de venir auprès de lui, il refusa, mais il leur dit : Allez et vous la trouverez guérie si elle n'est pas morte, car ce n'est pas à moi, homme misérable, qu'il est donné de faire un tel prodige. La guérison appartient à celui qui en tout lieu accorde sa miséricorde à ceux qui l'invoquent ; le Seigneur a exaucé la prière de la jeune fille et sa bonté m'a fait connaître qu'il l'a guérie ici même de sa maladie. Le miracle eut donc lieu, et les moines étant sortis trouvèrent les parents pleins de joie et la jeune fille guérie.

Deux frères avaient été pour le voir, et l'eau leur ayant manqué dans la route, l'un mourut et l'autre était sur le point de mourir ; ne pouvant plus marcher, il était étendu par terre, s'attendant à rendre le dernier soupir. Antoine était assis sur la montagne, il se hâte d'appeler deux moines qui se trouvaient là et leur dit : Prenez une cruche d'eau et courez sur le chemin qui conduit en Égypte, car de deux frères qui étaient en route l'un vient de mourir et l'autre est sur le point d'expirer, si vous ne vous hâtez. Cela vient de m'être révélé pendant que je priais. Les moines y étant allés trouvèrent l'un étendu mort et l'ensevelirent ; ils ranimèrent l'autre avec de l'eau et le portèrent auprès du vieillard, car la distance était d'un jour de chemin. Si quelqu'un demande pourquoi Antoine n'avait pas parlé avant que l'un d'eux mourût, sa question n'est pas raisonnable, car l'arrêt de la mort n'appartenait pas à Antoine, mais à Dieu qui en avait ordonné ainsi à l'égard du premier, et dont il lui fit la révélation. Ce qui est seul digne d'admiration dans Antoine, c'est qu'étant assis sur sa montagne son âme veillait, et que le Seigneur lui révélait ce qui se passait à une si grande distance. Un autre jour encore qu'il était assis sur sa montagne et qu'il portait ses regards vers le ciel, il vit quelqu'un qui était enlevé dans l'air et une grande joie parmi ceux qui venaient au devant de lui. Comme il admirait et estimait heureux un tel chœur, il désira savoir ce que c'était ; aussitôt il entendit une voix qui lui dit que c'était l'âme d'Amoun, moine de Nitrie. Amoun avait persévéré jusqu'à la vieillesse dans la vie ascétique ; or, la distance depuis Nitrie jusqu'à la montagne qu'habitait Antoine était de treize journées. Ceux donc qui étaient avec Antoine, voyant le vieillard ravi d'admiration, désirèrent en savoir la cause, et ils apprirent qu'Amoun venait de mourir, car il était connu pour être venu souvent sur cette montagne, et par beaucoup de miracles opérés par son entremise parmi lesquels je citerai celui-ci : Un jour, étant obligé de traverser le fleuve nommé le Lycus qui était alors débordé, il pria Théodore qui était avec lui de s'éloigner afin de ne pas voir les autres nus pour traverser le fleuve à la nage. Lorsque Théodore se fut retiré, il eut honte de lui-même de se voir nu ; tandis qu'il était agité par la honte et l'inquiétude, il fut tout à coup transporté sur l'autre rive. Théodore, qui lui aussi était un homme pieux, s'étant rapproché et l'ayant vu prendre les devants sans être nullement mouillé, lui demanda par quel moyen il avait traversé le fleuve. Voyant qu'il ne voulait pas le lui dire, il se jeta à ses pieds en affirmant qu'il ne le quitterait pas avant qu'il ne le lui ait appris. Amoun, vaincu par sa persistance et surtout par ses paroles, le supplia de n'en parler à personne qu'après sa mort. C'est ainsi qu'il lui apprit qu'il avait été transporté et déposé sur l'autre rivage sans marcher sur l'eau, que cela n'était pas possible à l'homme, mais à Dieu seul et à ceux à qui il l'accordait, comme au grand apôtre Pierre. Ce ne fut qu'après la mort d'Amoun que Théodore raconta le fait. Les moines à qui Antoine parla de la mort d'Amoun remarquèrent le jour, et lorsque les frères, au bout de trente jours, revinrent de Nitrie, ils les interrogèrent et apprirent qu'Amoun avait été enterré le même jour et à la même heure que le vieillard avait vu son âme monter au ciel. Tous furent étonnés de la lucidité d'âme d'Antoine qui, à la distance de treize jours de marche, avait appris la mort d'Amoun et vu son âme enlevée dans les cieux.

Le comte Archelaüs l'ayant rencontré un jour au dehors de sa montagne, lui demanda de prier seulement pour Polycratie, de Laodicée, jeune fille d'une admirable vertu et portant la croix du Christ ; elle souffrait horriblement de l'estomac et de la poitrine à cause de ses grandes mortifications, et était d'une grande faiblesse. Antoine pria donc le Seigneur pour elle ; le comte remarqua le jour où la prière avait été faite, et étant allé à Laodicée, il trouva la jeune fille guérie ; il s'informa alors de l'heure et du jour où avait cessé la maladie, et tirant le papier sur lequel il avait noté le jour où la prière avait été faite, il reconnut la vérité et montra aussitôt ce qu'il avait écrit sur le papier. Tout le monde fut saisi d'étonnement en reconnaissant que le Seigneur avait fait cesser la maladie de la jeune fille le jour même où Antoine avait prié et imploré pour elle la clémence du Seigneur. Souvent il annonçait plusieurs jours d'avance, et quelquefois même un mois d'avance, ceux qui devaient venir le trouver et la cause pour laquelle ils venaient, car les uns venaient seulement pour le voir, d'autres pour leurs maladies, ceux-là parce qu'ils étaient tourmentés par les démons ; personne ne regrettait ni ne trouvait le chemin pénible, chacun s'en retournait se sentant soulagé. Antoine, en voyant et en parlant de ces prodiges, ne voulait pas qu'on l'admirât en cela, mais plutôt le Seigneur, parce qu'il accorde à nous autres hommes la grâce de le connaître suivant nos facultés.

Étant allé un jour pour visiter les monastères du dehors, et s'étant embarqué et priant avec les moines qui étaient avec lui, il sentit lui seul une odeur très-fétide. Ceux qui étaient dans le vaisseau lui ayant dit que cette odeur provenait de poissons salés, Antoine leur répondit que c'était une autre puanteur ; à peine avait-il parlé, qu'un jeune homme possédé du démon et qui, entré le premier dans le navire, s'y était caché, se mit aussitôt à crier ; mais le démon, menacé au nom de Notre-Seigneur Jésus-Christ, sortit, et cet homme fut guéri. Tous reconnurent alors que cette odeur fétide provenait du démon. Un autre personnage illustre tourmenté du démon vint auprès de lui ; ce démon était si terrible que le possédé mangeait ses excréments et ne savait pas s'il était près d'Antoine ; ceux donc qui le conduisaient supplièrent

Antoine de prier pour lui. Antoine, plein de compassion pour le jeune homme, se mit en prière et veilla toute la nuit avec lui. Mais tout à coup, le jeune homme étant venu vers Antoine à la pointe du jour, le frappa, et comme ceux qui étaient venus avec lui s'en indignaient, Antoine leur dit : Ne vous fâchez pas contre ce jeune homme, car ce n'est pas lui qui m'a frappé, mais le démon qui est en lui. Menacé alors et sommé de fuir dans les lieux arides, il est devenu furieux et a pris la fuite ; rendez donc grâces à Dieu, car ce jeune homme en se jetant ainsi sur moi est une preuve de la sortie du démon. À peine Antoine eut-il fini de parler que le jeune homme fut guéri, et ayant recouvré sa raison, il reconnut où il était et embrassa le vieillard en rendant grâces à Dieu.

La plupart des moines ont également raconté d'une voix unanime plusieurs autres miracles opérés par l'entremise d'Antoine, mais beaucoup moins étonnants que d'autres qui le sont davantage. Un jour qu'il allait prendre son repas et qu'il se tenait debout pour prier vers la neuvième heure, il se sentit ravi en esprit, et ce qu'il y a d'étonnant, c'est qu'étant debout pour prier, il se vit comme hors de lui-même et comme enlevé dans les airs par plusieurs personnes, et que d'autres pleines de malice et de méchanceté se tenaient dans l'air et voulaient l'empêcher de passer ; comme ceux qui le conduisaient résistaient, ceux-ci leur demandèrent s'il leur appartenait et voulurent lui faire rendre compte de sa conduite depuis sa naissance. Mais ceux qui accompagnaient Antoine s'y opposèrent en leur disant : Le Seigneur a effacé les fautes commises depuis sa naissance, mais depuis qu'il est moine et qu'il s'est consacré à Dieu, vous pouvez en demander compte. L'ayant accusé et n'ayant rien pu prouver, le chemin devint libre pour lui et sans obstacle ; à l'instant, il se vit comme revenu à sa place, rendu à lui-même et redevenu Antoine comme auparavant ; oubliant alors de manger, il passa le reste du jour et toute la nuit à gémir et à prier, s'étonnant de voir combien d'ennemis nous avons à combattre, combien de travaux à endurer pour traverser les airs, et il se rappelait cette parole de l'apôtre : « Selon le prince des puissances de l'air (*Éphés.*, 2, 2), » car c'est dans l'air que l'ennemi du genre humain a sa puissance pour combattre et essayer de fermer le chemin à ceux qui veulent le traverser ; voilà surtout pourquoi l'apôtre nous exhorte en disant : « Prenez les armes de Dieu, afin que, fortifiés en tout, vous puissiez aux jours mauvais résister et demeurer fermes (*Éph.*, vi, 13), et afin que l'ennemi, n'ayant aucun mal à dire de nous, soit confondu. (*Tit.*, ii, 8) » Pour nous, sachant cela, rappelons-nous ces paroles de l'apôtre : « Si ce fut avec son corps ou sans son corps, je ne le sais, Dieu le sait. (II *Cor.*, xii, 2.) »

Paul a été élevé jusqu'au troisième ciel et redescendit après avoir entendu des paroles ineffables. Antoine se vit enlevé dans les airs, et combattant jusqu'à ce qu'il devint libre ; il fut doué encore de cette autre faveur : lorsqu'il était assis sur sa montagne, si quelque doute s'emparait de son esprit, cela lui était révélé par la Providence pendant qu'il priait : ce bienheureux vieillard était, comme il est écrit, instruit par Dieu même. Une discussion s'étant élevée entre lui et quelques personnes qui étaient venues le voir, sur l'état de l'âme et le lieu qu'elle doit occuper après la mort, quelqu'un l'appela la nuit suivante et lui dit : Antoine, lève-toi, sort et considère attentivement. Il sortit donc (car il savait à qui il devait obéir) ; ayant levé les yeux, il vit un personnage d'une grandeur extraordinaire, effrayant à voir et dont la tête touchait jusqu'aux nuages ; puis d'autres personnes qui s'élevaient comme si elles avaient des ailes ; le géant tendait les bras pour les arrêter au passage ; d'autres volant plus haut et traversant les airs, montaient au ciel, exemptes désormais de toute crainte. Le géant grinçait des dents contre elles, mais se réjouissait de voir celles qui tombaient. Aussitôt Antoine entendit une voix qui lui disait : Comprends-tu bien ce que tu vois ? Et son intelligence étant éclairée, il reconnut que c'était le passage des âmes, et que le géant qui se tenait là était l'ennemi plein de haine contre les vrais fidèles, qu'il exerce sa puissance sur ceux qui lui sont soumis et les empêche de passer au-dessus de sa tête. Après cette vision et comme se la rappelant toujours, Antoine s'efforçait chaque jour de s'avancer de plus en plus vers ce qui était devant lui, mais il ne racontait pas volontiers tout cela ; cependant, lorsque au milieu de ses longues prières et de ses contemplations intérieures, ses disciples l'interrogeaient et le pressaient, il était obligé de leur dire, non-seulement comme un père qui ne peut rien cacher à ses enfants, mais comme un guide, que sa conscience était pure et que le récit qu'il leur faisait était pour leur utilité. Puisqu'ils approuvaient par là combien est bon le fruit de la vie religieuse, et que les visions sont souvent une consolation des travaux qu'on endurait. Il avait, en outre, une patience admirable et une grande humilité ; aussi observait-il avec le plus grand scrupule les canons de l'Église ; il ne voulait pas qu'aucun ecclésiastique ne lui fût pas préféré et ne rougissait pas d'incliner la tête devant les vieillards. Si quelque diacre allait le trouver pour un service, il lui disait ce qui pouvait lui être utile, mais il lui cédait tout ce qui avait rapport à la prière. Ne craignant pas de s'instruire par les autres ; souvent, en effet, il interrogeait et désirait entendre ceux qui étaient avec lui, et si l'un d'eux avait dit quelque chose d'utile, il avouait en avoir retiré un grand bien. Sa figure avait une grâce admirable ; le Sauveur lui accorda encore une faveur particulière, car s'il se trouvait avec un grand nombre de moines et que quelqu'un désirât le voir sans l'avoir connu auparavant, Antoine s'avançait aussitôt et, laissant les autres, courait à lui comme attiré par sa vue. Il ne différait des autres hommes ni par la grandeur ni par la grosseur du corps, mais par la rectitude de ses mœurs et la pureté de son âme, et comme elle n'était jamais troublée, ses sensations extérieures étaient toujours calmes, de sorte que la gaieté répandue sur son visage provenait de la joie de son âme, et d'après les mouvements de son corps on reconnaissait l'état de son esprit, comme il est dit dans l'Écriture : « La joie du cœur brille sur le visage, mais quand le cœur est triste le visage devient sombre. (*Prov.* xv, 13.) » C'est ainsi que Jacob reconnut les embûches que voulait lui dresser Laban, lorsqu'il dit aux femmes : « Le visage de votre père n'est pas comme hier et avant-hier. (*Genèse*, xxxi, 5.) » De même aussi on reconnaissait Antoine : jamais la sérénité de son âme n'était troublée, jamais son visage n'était sombre, parce que la joie était dans son cœur.

HAINE DE SAINT ANTOINE POUR LES HÉRÉTIQUES ET LES SCHISMATIQUES.

Son attachement à la foi et son zèle pour la religion étaient admirables ; jamais il ne voulut avoir de communications avec les méliciens schismatiques, car il connaissait la persécution qu'ils avaient montrée dès l'origine et il savait comment ils s'étaient séparés de l'Église ; jamais il n'eut de relation amicale avec aucun hérétique, sinon pour tâcher de le ramener au bien, car il croyait et répétait que la fréquentation de tels hommes est la ruine des âmes et la perte du salut. Il avait particulièrement en horreur l'hérésie des ariens ; il exhortait tous les chrétiens à éviter leur société et à fuir leurs erreurs. Quelques-uns des ariens étant allés un jour le voir, Antoine les reconnut, découvrit leur impiété et les chassa de sa montagne en disant que leurs paroles étaient pires que le venin des serpents. Les ariens ayant publié faussement qu'Antoine partageait leurs sentiments, il manifesta la plus vive indignation contre cette imposture ; ensuite étant descendu de la montagne sur l'exhortation des évêques et de tous les frères, il alla à Alexandrie, condamna publiquement les ariens, les appelant les derniers des hérétiques et les avant-coureurs de l'antechrist ; il enseignait au peuple que le Fils de Dieu n'est point une créature, mais le Verbe et la sagesse éternelle du Père. Tous les peuples entendaient avec joie un si grand homme anathématiser l'hérésie ennemie du Christ, et tous les habitants de la ville s'empressaient en foule d'aller voir Antoine. Les païens eux-mêmes et ceux qu'ils appelaient leurs prêtres venaient à l'Église en disant : Nous voulons voir l'homme de Dieu ; car c'est ainsi que tout le monde l'appelait. Le Seigneur, en effet, délivra en cet endroit plusieurs personnes qui étaient possédées du démon, et il en guérit d'autres qui avaient perdu la raison. Beaucoup de païens même désiraient toucher seulement le saint vieillard, persuadés que cet attouchement leur porterait bonheur ; ce qui est certain, c'est que, dans ce peu de jours, un plus grand nombre d'infidèles embrassèrent la religion chrétienne qu'on n'en avait vu dans toute une année.

IL GUÉRIT UNE FILLE POSSÉDÉE DU DÉMON.

Lorsqu'il s'en retournait et que nous le reconduisions, au moment où nous arrivions à la porte de la ville, une femme se mit à crier derrière nous : Homme de Dieu, attendez-moi ; ma fille est cruellement tentée par le démon ; attendez-moi, je vous en conjure, de peur que je n'expire moi-même en courant après vous. Le vieillard à ces mots et à notre sollicitation s'arrête avec complaisance ; la femme approche, sa fille se roule par terre. Antoine prie, invoque sur elle le nom du Christ, et la jeune fille se relève pleine de santé et délivrée de l'esprit impur. Sa mère bénit Dieu ; tous rendent grâces au Seigneur, et Antoine retourne avec joie vers sa retraite habituelle, à sa chère montagne.

IL CONFOND LES PHILOSOPHES PAÏENS.

Antoine était un homme d'une merveilleuse sagesse ; c'était une chose surprenante de voir tant de finesse et d'intelligence dans un homme sans lettres. Un jour, deux philosophes païens vinrent auprès de lui, s'imaginant pouvoir le convaincre ; il était alors sur la montagne située en deçà du désert. Antoine, reconnaissant à leur visage qui ils étaient, s'avança au devant d'eux et leur dit avec calme : Pourquoi, ô philosophes, avez-vous pris tant de peine pour venir près d'un homme insensé ? Ceux-ci lui ayant répondu qu'il n'était point insensé, mais doué au contraire d'une grande sagesse. Si vous êtes venus, leur dit-il, vers un insensé, votre peine est inutile ; mais si vous pensez que je sois doué de sagesse, soyez comme moi, car on doit imiter ce qui est bien. Si j'allais auprès de vous, je vous imiterai, mais puisque vous venez auprès de moi, soyez comme moi, car je suis chrétien. Ceux-ci, pleins d'admiration, s'éloignèrent, car ils avaient vu les démons craindre Antoine. D'autres philosophes étant venus le trouver sur la montagne située en deçà du désert et croyant le railler de ce qu'il n'avait pas étudié les belles-lettres, Antoine leur dit : Qu'est-ce qui est préférable suivant vous, est-ce l'intelligence ou les belles-lettres ? Ceux-ci répondirent que c'était l'intelligence et qu'elle était l'inventrice des belles-lettres. Tous les assistants ainsi que les philosophes furent frappés de ces paroles ; ils s'en allèrent, étonnés de voir dans un homme illettré une si grande sagesse. En effet, après avoir passé sa vie sur la montagne jusqu'à sa vieillesse, Antoine n'avait pas un caractère sauvage ; au contraire, il était gracieux, poli et sa conversation était assaisonnée d'un sel divin ; aussi personne ne lui portait envie, au contraire, il gagnait l'affection de tous ceux qui venaient le voir.

Quelque temps après, d'autres personnes, appelées philosophes chez les païens, vinrent auprès de lui et lui demandèrent des preuves de notre foi en Jésus-Christ, en essayant de construire des syllogismes contre la prédication de la croix, et en mêlant à tout cela des plaisanteries. Antoine les laissa parler un moment, puis ayant pitié de leur ignorance, il leur dit au moyen d'un interprète qui traduisit fidèlement ses paroles : Lequel est le plus honorable, de confesser la foi ou d'attribuer des adultères à ceux que vous appelez des dieux ? Les douleurs de la croix que notre Dieu a souffertes, comme nous le reconnaissons, attestent au moins du courage et un noble mépris de la mort ; mais les actions que vous attribuez à vos dieux ne proviennent que de passions infâmes. Lequel, à votre avis, est le plus honorable, de souffrir sur une croix préparée par les embûches des méchants, ou bien de nous débiter les courses vagabondes d'Osiris, d'Isis, les embûches de Typhon, l'exil de Saturne, et de nous raconter comment il dévora ses enfants et tua son père ? Car voilà la sagesse de vos enseignements. Mais comment se fait-il que, raillant la croix, vous n'admiriez pas la résurrection ? Car ceux qui vous ont parlé d'une chose vous ont aussi enseigné l'autre. Pourquoi donc, en faisant mention de la croix, gardez-vous le silence sur la résurrection des morts, les aveugles qui voient, les paralytiques guéris, les lépreux purifiés, les hommes qui marchent sur les eaux, et une foule d'autres prodiges et de miracles qui prouvent que Jésus n'est pas seulement un homme, mais un Dieu ? Vous me paraissez n'avoir pas sérieusement lu nos Écritures ; lisez-les donc, et vous verrez que les actions que le Christ a faites démontrent qu'il est *un* Dieu, venu sur la terre pour sauver les hommes. Nous-mêmes, quand nous prononçons le nom du Christ crucifié, nous mettons en fuite les démons, que vous redoutez comme dieux. Dites-nous donc où sont maintenant leurs oracles ? Où sont les enchantements des Égyptiens ? Où sont les évocations des magiciens ? Quand tous ces prestiges ont-ils cessé, disparu si ce n'est depuis qu'on a vu la croix de Jésus-Christ ? Quoi donc ! cette croix mérite-t-elle

qu'on s'en moque ? Vos mystères, qu'elle a abolis
et dont elle a montré l'impuissance, ne sont-ils pas
plutôt qu'elle digne de mépris ? Voici une chose
bien étonnante : votre religion n'a jamais été persécutée ; au contraire, on l'honore dans toutes les
villes, tandis qu'on persécute les adorateurs du
Christ, et cependant notre religion prospère et
s'étend plus que la vôtre ; le culte de vos divinités
si célébrées périt, et la foi dans le Christ et la doctrine que vous raillez, et que les empereurs ont
souvent persécutée, remplit maintenant l'univers.
Dans quel temps la connaissance de Dieu a-t-elle
été aussi répandue ? Dans quel temps la chasteté
et la virginité ont-elles brillé d'un aussi vif éclat ?
Dans quel temps a-t-on montré un aussi généreux
mépris de la mort, si ce n'est depuis que la croix
du Christ a paru, et cela personne ne peut le révo-
quer en doute. Quand on voit d'un côté les mar-
tyrs du Christ affronter les supplices, et de l'autre
les vierges de l'Église garder leur corps pur et
sans tache pour le Christ, ces preuves suffisent
pour démontrer que la foi dans le Christ est la
seule religion véritable. Vous ne croyez pas encore
à notre religion parce que vous demandez qu'on
vous la démontre par des syllogismes, mais, nous
autres, nous ne démontrons pas notre religion par
les discours persuasifs de la philosophie grecque,
comme le dit notre docteur : « Je n'ai point em-
ployé en vous parlant et en prêchant les discours

persuasifs de la sagesse humaine (*Corinth.*, 2, 4), » mais c'est par la foi que nous persuadons. Voici devant vous des hommes tourmentés par les démons ; en effet, plusieurs hommes possédés du démon étaient venus trouver Antoine, qui les amena en présence de ces philosophes et leur dit : Ou délivrez-les par vos syllogismes, par tous les artifices que vous voudrez, ou par la magie, ou en invoquant vos idoles, ou si vous ne le pouvez pas, cessez de nous faire la guerre et vous verrez combien est puissante la croix du Christ. Ayant dit ces paroles, il invoqua le nom du Christ et marqua du signe de la croix les possédés par deux ou trois fois. À l'instant, ces hommes se levèrent, entièrement guéris, sains d'esprit et rendant grâces à Dieu. Les prétendus philosophes étaient étonnés, stupéfaits en considérant l'intelligence du vieillard et le prodige qui venait de s'accomplir ; mais Antoine leur dit : Pourquoi vous étonnez-vous ? Ce n'est pas nous qui faisons ces choses, c'est le Christ qui les opère par ceux qui croient en lui ; croyez donc aussi vous-mêmes, et vous verrez que notre religion ne consiste pas dans des artifices de paroles, mais par la foi qui opère, par l'amour que nous avons pour le Christ. Si vous possédiez aussi cet amour, vous ne chercheriez plus dans les paroles de subtiles démonstrations, mais vous regarderiez la foi dans le Christ comme suffisante. Telles furent les paroles d'Antoine ; les philosophes, en admirant sa sagesse, le saluèrent et se retirèrent en avouant qu'ils avaient retiré un grand avantage de ses paroles.

L'EMPEREUR CONSTANTIN ÉCRIT À ANTOINE.

La réputation d'Antoine arriva jusqu'aux empereurs ; le grand Constantin et ses fils, Constance et Constant, ayant appris tout ce qu'on racontait d'Antoine, lui écrivirent comme à un père, en lui exprimant le désir de recevoir une réponse de sa part. Mais Antoine n'attacha aucun prix à ces lettres et ne se réjouit point de ce message ; on le vit tel qu'il était avant que les empereurs lui eussent écrit. Quand on lui apporta les lettres, il appela les moines et leur dit : Ne vous étonnez point si un empereur nous écrit, car un empereur est un homme, mais étonnez-vous plutôt de ce que Dieu a écrit sa loi aux hommes et de ce qu'il nous a parlé dans la personne de son propre fils. Il ne voulait pas même recevoir ces lettres, disant qu'il ne savait point répondre à de tels messages ; mais engagé par les moines qui lui représentaient que ces empereurs étaient chrétiens et qu'ils se scandaliseraient d'un tel refus, il consentit à en entendre la lecture.

RÉPONSE DE SAINT ANTOINE À L'EMPEREUR CONSTANTIN.

Il répondit qu'il les félicitait de ce qu'ils adoraient le Christ, et il leur donna des conseils pour leur salut. Il leur disait de ne point regarder comme grandes les choses présentes, mais de se souvenir plutôt du jugement futur et de songer que le Christ est le seul roi véritable et éternel ; il les engageait à se montrer charitables, à prendre à cœur la justice et le soin des pauvres. Les empereurs témoignèrent une grande joie en recevant cette réponse, tant ce vieillard était cher à tout le monde, tant chacun désirait le regarder comme un père. Antoine, ainsi connu et répondant ainsi à tous ceux qui venaient le trouver, retourna à sa montagne et reprit ses exercices ordinaires. Souvent assis, il méditait avec ceux qui venaient le voir, ou en se promenant, et au bout d'une heure, il reprenait avec ses disciples la conversation. Ses disciples s'apercevaient qu'il avait une vision ; car souvent, lorsqu'il était sur sa montagne, il voyait ce qui se passait en Égypte et le racontait à l'évêque Sérapion qui le voyait absorbé dans sa vision. Un jour donc qu'il était assis et travaillait, il fut ravi en extase et resta longtemps dans cette contemplation en gémissant ; une heure après, il retourna vers ses disciples, se mit à gémir, et, tout troublé, se jeta à genoux et resta longtemps à prier ; ses disciples, pleins de trouble et très-effrayés, lui demandèrent ce que c'était. Antoine, cédant à leurs instances, leur dit en poussant un grand soupir : Ô mes enfants, il vaudrait mieux mourir plutôt que de voir s'accomplir les choses que j'ai vues. La colère va tomber sur l'Église, elle va être livrée à des hommes semblables à des animaux sans raison ; j'ai vu la table sainte du Seigneur entourée de tous côtés par des mulets qui lançaient des coups de pied dans l'intérieur, semblables aux ruades d'animaux sans raison qui bondissent en désordre. Vous pensez combien j'ai dû gémir, leur dit-il, car j'ai entendu une voix qui disait : Mon sanctuaire sera profané. Telles furent les paroles du vieillard, et deux ans après arriva l'invasion des ariens et le pillage des églises, lorsque enlevant par violence les vases sacrés, ils les firent porter par les païens et forcèrent ces mêmes païens, au sortir de leurs officines, à venir dans leurs assemblées, et qu'en leur présence ils s'abandonnaient à tous les excès qu'ils imaginaient. Nous reconnûmes tous alors que les coups de pied des mulets annonçaient d'avance à Antoine les abominations que les ariens insensés commettent maintenant semblables à des brutes. Mais après cette vision, Antoine réunit tous ses disciples et leur dit : Ne perdez pas courage, mes enfants, car de même que le Seigneur a été irrité, de même aussi il saura apporter un remède à de tels maux ; bientôt l'Église reprendra toute sa splendeur et brillera du même éclat qu'auparavant. Vous verrez rétablis ceux qui sont persécutés, l'impiété retourner dans son repaire accoutumé, et la foi sainte parler et agir en toute liberté ; seulement gardez-vous de vous souiller avec les ariens, car leur doctrine n'est pas celle des apôtres, mais celle des démons et de Satan leur père, ou plutôt elle n'a aucune origine ; elle n'est point rationnelle, son esprit n'a aucune rectitude, elle est semblable aux animaux privés de raison.

COMBIEN SAINT ANTOINE AIMAIT LE RECUEILLEMENT.

Il aimait par-dessus tout le séjour de sa montagne. Un jour, pressé par des personnes qui réclamaient son secours et par un capitaine qui le suppliait instamment de descendre, Antoine vint les trouver, et après leur avoir parlé un instant des intérêts de leur salut, il se hâtait de s'en retourner. Comme le capitaine, qu'on appelait Duc, le priait de demeurer plus longtemps, Antoine répondit qu'il ne pouvait pas rester davantage avec eux, et, se servant d'une comparaison gracieuse, il leur dit : De même que les poissons meurent lorsqu'ils restent sur la terre aride, ainsi les moines perdent leurs forces quand ils passent leur temps avec vous et qu'ils séjournent dans votre compagnie. Il faut donc, comme le poisson s'empresse de rentrer dans la mer, que nous nous hâtions de retourner à notre monastère, de peur qu'un trop long séjour dans le monde ne nous fasse oublier la vie intérieure. Le capitaine, après avoir entendu ces paroles et d'autres semblables, dit, plein d'admiration, qu'Antoine était vraiment un serviteur de Dieu.

L'ARIEN BALACIUS PERSÉCUTE LES CATHOLIQUES.

Un capitaine nommé Balacius persécutait cruellement les catholiques, parce qu'il était zélé partisan de la secte odieuse des ariens. Il portait la barbarie jusqu'à frapper les vierges, à dépouiller les moines de leurs vêtements, et à les battre de verges. Antoine lui fit porter une lettre dans laquelle il lui disait : Je vois la colère de Dieu qui s'apprête à fondre sur vous ; cessez donc de persécuter les chrétiens, de peur que la colère de Dieu ne vous atteigne, car elle est près d'éclater sur votre tête. Balacius se moqua de cet avertissement, jeta la lettre par terre en crachant dessus, outragea ceux qui l'avaient apportée et leur enjoignit de dire à Antoine : Puisque tu t'intéresses aux moines, je vais aussi m'adresser à toi. Cinq jours n'étaient pas encore écoulés que la colère de Dieu tombait sur Balacius ; il était sorti d'Alexandrie avec Nestorius, lieutenant d'Égypte, pour se rendre à la première station, appelée station de Chéréas ; tous deux étaient à cheval, les deux chevaux appartenaient à Balacius et étaient les plus doux de ceux qu'il avait dans ses écuries. Ils n'étaient pas encore arrivés au but de leur voyage, lorsque les deux chevaux se mirent, comme ces animaux ont coutume de faire, à jouer ensemble. Tout à coup le cheval sur lequel Nestorius était monté (c'était le plus doux des deux) mordit Balacius, le renversa et se jeta sur lui ; il lui déchira si horriblement la cuisse qu'il fallut sur-le-champ le transporter à la ville, où il mourut au bout de trois jours, et tout le monde admira un si prompt accomplissement des prédictions d'Antoine.

Tels étaient les avis qu'il donnait à ceux qui se conduisaient avec inhumanité. Quant à ceux qui venaient le trouver, il leur donnait de si sages conseils qu'on enviait le bonheur de ceux qui abandonnaient le monde pour la solitude. Il mettait un si grand zèle à défendre les opprimés qu'on eût pensé que c'était lui-même qui souffrait l'injustice et non les autres. Il semblait être un médecin donné par Dieu à toute l'Égypte. Quel affligé vint le trouver sans s'en retourner la joie dans le cœur ? Vint-il un homme pleurant la mort de ceux qui lui étaient chers sans déposer aussitôt son deuil ? Vint-il un homme irrité contre son adversaire sans se réconcilier avec lui ? Vint-il un seul malheureux désolé de son indigence sans accepter sa pauvreté, aussitôt qu'il eut vu Antoine et entendu ses paroles ? Un moine relâché venait-il le voir, il s'en retournait plus fervent, un jeune homme venait-il le visiter sur sa montagne, il renonçait aux plaisirs et il embrassait la chasteté ; un homme tenté par le démon s'adressait-il à lui, il recouvrait la paix ; avait-on des chagrins et des soucis, on retrouvait la sérénité de l'âme auprès d'Antoine. Combien de jeunes filles recherchées en mariage, après avoir vu Antoine seulement de loin, ont consacré au Christ leur virginité ? On venait aussi le trouver des pays lointains, et ces étrangers s'en retournaient accueillis comme tous les autres par Antoine, qui les soulageait et les congédiait avec l'affection d'un père. En effet, depuis qu'il est mort, tous ceux qui l'ont connu se regardent comme orphelins, s'exhortent à la vertu par son souvenir et conservent fidèlement dans leur mémoire les conseils et les encouragements qu'il leur avait donnés.

SAINT ANTOINE PRÉDIT SA MORT.

Il faut aussi que je vous raconte quelle fut la fin de sa vie, car vous désirez en entendre le récit, et, de toutes les actions d'Antoine, il n'y en a pas qui soit plus digne d'envie. Il était allé, suivant sa coutume, visiter les monastères de la montagne qui est en deçà du désert ; étant averti par la Providence que sa fin était prochaine, il dit à ses frères : C'est la dernière visite que je vous fais, et je serais bien étonné que nous nous vissions de nouveau en ce monde. Le temps de mon départ est arrivé, car voilà que j'ai près de cent cinq ans. Ses disciples ayant entendu ces paroles se mirent à pleurer ; ils serrèrent le vieillard dans leurs bras et ils le baisèrent ; pour lui, semblable à un homme qui part d'une ville étrangère pour retourner dans sa patrie, il leur parla d'un air joyeux ; il les exhorta à ne jamais se relâcher dans leurs travaux, à ne jamais se décourager dans les exercices de la piété, à vivre comme si chaque jour devait être le dernier de leur vie.

IL TOMBE MALADE.

Ses frères voulaient le forcer à demeurer avec eux pour y consommer son sacrifice, mais il n'y consentit pas ; il retourna à la montagne du désert dont il avait fait son habitation, et peu de mois après il tomba malade. Ayant appelé les deux disciples qui demeuraient avec lui pour le servir à cause de sa vieillesse, il leur dit : Je vais suivre la route de mes pères, comme dit l'Écriture, car je vois que le Seigneur m'appelle ; ensevelissez donc mon corps vous-mêmes, cachez-le sous la terre, et soyez fidèles à garder cette recommandation ; que personne ne connaisse le lieu où sera mon corps, excepté vous seuls. Au jour de la résurrection des morts, je le recevrai incorruptible des mains de mon Sauveur. Vous partagerez ainsi mes vêtements : vous donnerez à l'évêque Athanase une de mes deux peaux de brebis avec le manteau sur lequel je couchais ; il me l'avait donné neuf et il est devenu vieux par l'usage que j'en ai fait. Donnez à l'évêque Sérapion mon autre peau de brebis ; pour vous, gardez ma tunique de poil. Adieu, mes enfants, Antoine s'en va, et désormais il n'est plus avec vous. Après qu'il eut prononcé ces paroles, les deux disciples l'embrassèrent. Antoine leva ses pieds et regardant comme des amis les anges qui venaient à sa rencontre et dont la présence le comblait de joie, il rendit l'esprit et rejoignit ses pères. Les deux disciples exécutèrent fidèlement l'ordre qu'il leur avait donné, ils l'ensevelirent et l'enfouirent dans la terre ; jusqu'ici personne ne sait où il est caché, excepté ces deux religieux. Quant à ceux qui ont reçu les peaux de brebis qu'il leur avait léguées et son manteau usé, ils conservent ces reliques comme des objets infiniment précieux, car en les regardant, ils croient encore voir Antoine, et quand ils s'en revêtent, il leur semble qu'ils portent sur eux avec joie ses leçons et ses conseils.

PORTRAIT DE SAINT ANTOINE.

C'est ainsi qu'Antoine termina sa vie corporelle, et tel est le commencement de la vie monastique. Bien que ce récit ne suffise point pour peindre la vertu d'Antoine en tout son jour, il peut du moins vous faire concevoir quel devait être un homme qui, depuis sa jeunesse jusqu'à un âge si avancé, conserva toujours la même ferveur dans les exercices de la piété, et qui, même dans sa vieillesse, ne voulut jamais accepter une nourriture plus délicate, ni changer de vêtements malgré la faiblesse de son corps. Il demeura jusqu'à la fin exempt d'infirmités : ses yeux ne s'étaient point affaiblis, ils étaient nets et sa vue parfaite ; pas une de ses dents n'était tombée, seulement elles étaient, à cause de son grand âge, usées jusqu'aux gencives ; il conserva l'usage complet de ses pieds et de ses mains, en un mot, il avait une santé plus brillante et plus vigoureuse que les hommes qui recourent aux mets variés, aux bains et à toutes sortes de vêtements. La renommée d'Antoine répandue dans le monde entier, l'admiration universelle qu'il a méritée, ainsi que le regret de tous ceux qui l'ont vu, est la preuve de sa vertu et l'indice d'une âme chérie de Dieu, car Antoine ne s'est point fait connaître pour avoir composé des livres, ni par son habileté dans la philosophie profane ou dans un art quelconque, mais uniquement

par sa piété, et l'on ne peut nier que cette renommée ne soit un don de Dieu, car comment le
nom d'un homme caché dans une montagne de la
Thébaïde eût-il pu parvenir jusqu'en Espagne,
dans les Gaules, à Rome et dans toute l'Afrique,
sans la protection de Dieu qui sait faire connaître
au monde ceux qui sont à lui, et qui avait dès le
commencement promis cette gloire à Antoine.
Quoique ses serviteurs désirent rester inconnus, le
Seigneur les fait briller à tous les yeux comme des
lampes, afin que ceux qui entendent raconter leur
histoire apprennent que l'accomplissement de la
loi chrétienne suffit pour faire de grandes choses,
et s'encouragent ainsi à marcher dans le chemin
de la vertu. Par Jésus-Christ Notre-Seigneur à qui
soit la gloire dans les siècles des siècles.

Amen.

Également Disponible